Research on
Information Retrieval and
Query Recommendation Methods for
Information Precision Service

面向信息精准服务的
信息检索与
查询推荐方法研究

蔡 飞　陈皖玉　毛彦颖
欧丽珍　张伟康　陈洪辉　著

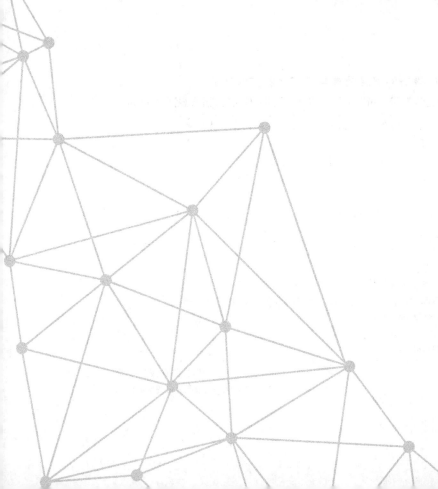

湖南大学出版社·长沙

内 容 简 介

本书以实现军事信息系统的信息精准服务为目标,以数据挖掘为关键技术,以信息的准确检索以及查询的合理推荐为研究内容,围绕信息精准服务实现技术中信息检索和查询推荐所面临的理论问题和技术难点,开展了深入的研究。

本书适合研究和开发信息检索系统的学者作为参考书。

图书在版编目(CIP)数据

面向信息精准服务的信息检索与查询推荐方法研究/蔡飞等著. —长沙:湖南大学出版社,2021.6
ISBN 978-7-5667-2177-8

Ⅰ.①面… Ⅱ.①蔡… Ⅲ.①信息检索—检索方法—研究 Ⅳ.①G254.97

中国版本图书馆 CIP 数据核字(2021)第 079869 号

面向信息精准服务的信息检索与查询推荐方法研究
MIANXIANG XINXI JINGZHUN FUWU DE XINXI JIANSUO YU CHAXUN TUIJIAN FANGFA YANJIU

著 者:	蔡 飞 陈皖玉 毛彦颖 欧丽珍 张伟康 陈洪辉
责任编辑:	黄 旺
印 装:	广东虎彩云印刷有限公司
开 本:	787 mm×1092 mm 1/16 印张:7.75 字数:204 千
版 次:	2021 年 6 月第 1 版 印次:2021 年 6 月第 1 次印刷
书 号:	ISBN 978-7-5667-2177-8
定 价:	30.00 元

出 版 人:	李文邦
出版发行:	湖南大学出版社
社 址:	湖南·长沙·岳麓山 邮 编:410082
电 话:	0731-88822559(营销部),88821315(编辑室),88821006(出版部)
传 真:	0731-88822264(总编室)
网 址:	http://www.hnupress.com
电子邮箱:	274398748@qq.com

前　言

随着军事信息获取手段的不断增多，军事信息总量急剧增加。日益增长的军事信息总量给军事信息系统的构建、开发、研究和维护带来了不少挑战。如何有效地组织、挖掘和分析已有的军事信息来不断优化现有的军事信息系统，是满足军事信息系统用户的信息需求，提高军事信息利用水平，实现军事信息精准服务的关键问题。

本书以实现军事信息系统的信息精准服务为目标，以数据挖掘为关键技术，以信息的准确检索以及查询的合理推荐为研究内容，围绕信息精准服务实现技术中信息检索和查询推荐所面临的理论问题和技术难点，开展了深入的研究。具体而言，在信息检索方面主要研究点包括：①如何结合用户在信息检索过程中的反馈信息，提高信息检索排序模型的性能；②如何挖掘用户在信息检索过程中的行为信息，实现个性化的信息检索排序模型。在查询推荐方面主要的研究点包括：①如何挖掘数据信息中语义相似度来提高查询推荐的准确度；②如何解决在查询推荐过程中可能存在的查询推荐冗余问题。

本书针对上述问题，从问题建模、算法求解、实验验证和军事应用方法等方面展开研究。主要工作和创新点如下：

（1）提出了基于规则挖掘的信息检索排序模型。本书在机器学习算法基础上，提出了基于规则挖掘的信息检索排序模型。该模型通过提取训练样本的主要特征进行有效聚类，并结合用户的相关反馈获取各个类中相关度判断的置信值，最终形成相似度判定模型，应用该模型来对测试样本进行相关度排序。提出的算法对 LETOR 数据集进行了测试，实验表明，信息检索性能指标比其他排序算法有了进一步提高，并且无需复杂的数据预处理工作和手动设定算法参数。

（2）提出了基于逻辑回归的信息检索排序模型。本书提出了基于逻辑回归的信息检索排序模型，采用主成分分析方法提取文档的有价值且相互独立的特征，在这些特征基础上，结合用户的相关度反馈信息，利用逻辑回归模型，生成查询与文档的相关度判断模型。我们在公开的 LETOR4.0 数据集上展开实验，并用 MAP，Precision@k，NDCG@k 等指标评估了各种算法的性能，验证了本书提出模型的有效性。

（3）提出了基于用户行为分析的个性化信息检索排序模型。本书完全关注于用户的行为信息，提出了基于用户行为分析的个性化信息检索排序模型。具体而言，我们利用用户对文档的点击信息以及用户在文档上的浏览时间，来估计查询与文档的相关度和用户对文档的感兴趣程度。在算法过程中，我们采用贝叶斯矩阵分解方法克服了数据稀疏性问题，并研究了用户和查询的分布对模型性能的影响。最后通过在实际数据集上的实验验证了用户的行为信息以提高信息检索性能，同时验证了用户在当前信息检索任务下的行为信息有助于识别用户的查询意图。

（4）提出了基于语义相似度和时效性频率的查询推荐排序模型。基于马尔科夫模型，本书提出了基于语义相似度和时效性频率的查询推荐排序模型。在该模型中，假设用户选择查询推荐符合马尔科夫模型条件，即用户通常在输入完一个完整的字后，选择某个查询推荐。同时基于在语料库上的训练结果，将查询字之间的语义相似度引入到查询推荐算法中。最后在实际查询记录数据集上展开实验，并与传统的查询推荐方法进行比较，本书提出的基于语义相似度和时效性频率的查询推荐排序模型的 MRR(mean reciprocal rank，平均位置倒数)指标比其他算法提高了近 4%。

（5）提出了基于贪婪算法的多样化查询推荐排序模型。本书提出了基于贪婪算法的多样化查询推荐排序模型，该模型的目的在于首先将用户感兴趣的查询尽早地返回在查询推荐列表的靠前位置，其次要降低查询推荐列表的冗余度。具体而言，在查询主题层次上，我们通过挖掘用户在当前信息检索任务下的行为信息来预测用户的查询意图。然后我们将查询推荐按照与查询意图的相似性进行排序，同时考虑了查询推荐之间的相似性，使得查询推荐尽可能地包含更多的主题。最后通过实验，验证了本书提出的基于贪婪算法的多样化查询推荐排序方法比其他算法的 MRR 指标和 α-NDCG(α-normalized discounted cumulative gain，归一化折损累积增益)指标都有显著提高。

本书内容是国防科技大学系统工程学院信息系统工程重点实验室众多科研人员多年学习、研究沉淀的成果。本书第 1 章和第 8 章由蔡飞撰写，第 2 章和第 3 章由陈皖玉撰写，第 4 章由毛彦颖撰写，第 5 章由欧丽珍撰写，第 6 章由张伟康撰写，第 7 章由陈洪辉撰写。蔡飞负责了全书的内容组织与统稿。罗雪山教授、刘俊先研究员、罗爱民教授、舒振副研究员等对本书的撰写提供了指导意见，在此对他们的热心帮助表示由衷的感谢。

信息检索和查询推荐方法是信息精准服务体系中重要的组成部分，相关的理论创新和实践探索仍在不断进行中，新的信息检索和推荐方法也在发展和优化中。限于作者水平，书中不妥之处在所难免，恳请读者批评指正，共同推进信息精准服务的发展和完善。

作 者
2020 年 12 月

目　次

1　绪　论

随着信息化战争各种相关技术手段的不断发展,以及信息产生媒体和载体的多样化,网络环境中的信息种类越来越多,信息总量不断增长,内容复杂多样。如何高效、准确地获取所需要的信息,急需相应的理论和方法来支持,使得用户获得信息的质量和效用最大化,切实将信息优势转化为决策优势并形成战斗力。在此转化过程中,需要对信息进行快速、准确的过滤抽取,并在合适的时间提供给正确的用户,从而实现信息的精准利用。信息精准服务正是面向用户需求,利用相应的理论方法和技术手段汇集、过滤、存储信息,以满足用户查询和获取信息的需求,提高信息的利用率。本书通过信息检索和查询推荐两个研究点来优化现有的军事信息系统,从而实现信息精准服务。

1.1　研究背景

本节主要介绍了本书的研究背景,讨论了信息精准服务的概念内涵,阐述了从信息检索排序和查询推荐排序两个方面实现信息精准服务的研究背景。

1.1.1　信息精准服务

信息服务是指综合利用人、资源、信息技术及其他相关知识,为用户提供全方位的相关服务和信息产品,满足用户需求的过程,是信息管理活动的出发点和归宿[1]。服务的内容包括:①对分散在不同载体上的信息进行收集、评价、选择、组织、存储,使之有序化,成为方便利用的形式;②对用户及信息需求进行研究,以便向他们提供有价值的信息。在信息服务活动中,通过研究用户、组织用户、组织服务,实现将有价值的信息传递给用户,最终帮助用户解决问题。信息服务实际上是传播信息、交流信息、实现信息增值的一项活动,形成以用户关注信息点为核心的信息资源集合,满足用户的信息需求。

在军事信息系统中,信息精准服务是指在能区分不同用户的基础上,依托现代信息技术手段,针对当前用户的任务需求,提供精准的个性化信息服务。其目的是在正确的时间内将正确的信息传送给有需求的服务对象,解决用户的实际任务需求。同时军事信息精准服务也可以描述为通过准确地分析军事需求,从海量信息中提取准确的信息,精准分析和预测各类军事用户关系,实现需求的精准获取、内容的精准推荐、时刻的精准控制、关系的精准分析和方式的精准利用,即在合适的时间以合适的方式将合适的信息内容分发给合适的军事用户,以提高军队的信息支持能力[2]。但是随着信息量的增大、种类增多,完成信息服务的质量和效用有可能下降,主要存在用户获得所需信息的难度不断加大的问题。军事信息系统中的对象通常指需要精准服务支持的系统或人。比如,在指控系统背景下,信息精准服务的服务对象包括指挥员、指控系统席位和战斗人员。

信息精准服务的实现需要根据服务对象的需求,从错综复杂的信息中发现、过滤、挖掘出对用户有用的信息,通过整合确保信息的完整、一致和准确,并快速、合理、高效地将信息传送到需要的服务对象。总的来说,为达到上述目的,信息精准服务需要做到:①可以实时有效地提取网络中存在的信息,并将其加工成可利用的信息资源。主要包括对信息的搜集、发现、理解、提取、组织等一系列处理过程,进而形成有价值的信息。②可以准确检测识别用户的信息需求特征,建立用户个性化的信息需求模型,从而有效迅速准确地对服务对象进行偏好预测,便于将与用户最相关的信息推荐给用户,实现个性的信息服务。③可以灵活应用,支持多种服务模式。比如,可以实现信息个性化的检索排序,提高用户获取信息的准确度。

总之,随着军事需求的不断变化,以及军事任务的多样化,有效获取军事信息,辅助管理决策,快速准确地制定各类军事计划,信息精准服务能在一定程度上发挥作用,提供及时精准的信息服务。

1.1.2 信息检索排序

信息检索排序的准确性是实现信息精准服务的一个重要手段。众所周知,网络环境中所包含的信息数量庞大,网络信息如今已经覆盖了人类社会的方方面面,并且还在不断增长中。数据显示,截至 2014 年,互联网上已接近 10 亿个网页,且网页数量每年是呈指数级上升的,如图 1.1 所示的是 2000 年至 2014 年互联网网页数量变化。

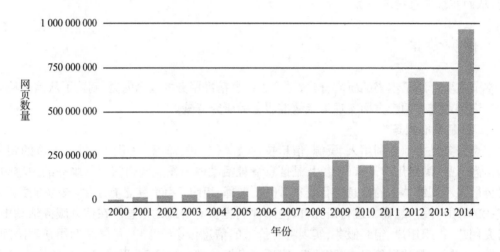

图 1.1　2000 年至 2014 年互联网网页数量变化

因此,对于一个普通用户而言,他们所面临的棘手问题不在于所需的信息是否存在于网上,而在于如何从海量的数据中“沙里淘金”,快速准确地找到自己需要的信息,这急需相应的理论和方法来处理和发展[3]。

在军事信息系统环境下,信息技术的创新发展和普及应用,使信息资源成为打赢信息化战争的主导性资源,面对日益增多的军事信息,如何有效收集、组织、存储,当用户请求信息获取时,把最可能相关的信息提供给用户来满足其需求,是亟待解决的问题。网络化环境下,信息种类繁多、内容复杂多样以及信息用户的需求动态变化,使得信息空间呈现诸多不确定性,如何让用户在合适的时间,合适的地点,获得合适的检索信息,这些问题给军事信息系统中的信息共享与有效利用提出了重大的挑战。另外,军事信息系统的一个重要特征就是以能力为核心来构建可协同运用的一体化环境,且系统的功能和所需信息在军事应用过程中根据任务需要可确定信息间的特征关系并快速检索。为了达到这一能力要求,需要通过一种快速有效的检索、相关度排序的方式来实现网络资源共享、灵活配置和信息协同,进而实现军事行动的自同步。因此,军事信息系统中的信息资源能够根据用户的检索需求准确有效地返回用户,并进行合理排序,形成网络按需服务能力,这也是迫切需要解决的问题。

在当前信息技术条件下,信息检索服务的重点在于设计有效的信息检索排序系统,即设计有效的信息检索算法。信息检索引擎收集互联网上数十亿个网页信息,组成庞大的索引数据信息源。为了建立数据,检索引擎的"爬虫"不断自动访问和读取互联网站点。由于其自动运行并对大量页面进行索引,所以能够收录大量最新的信息。不同的检索引擎,提供的查找功能和实现的方法也略有不同,其共同的功能有模糊查找功能、精确查找功能、逻辑查找功能。目前互联网上常用的检索引擎有数十种,它们各有其特长和优点。信息检索智能化和信息提取自动化是检索引擎技术的发展方向。

目前,基于网络化的信息检索服务正在向智能化、个性化和主动化等方向发展。①智能化。智能化就是计算机模拟人工检索的智能过程,即面对用户的检索要求,由网络检索系统自动选择检索工具及相应的数据源,灵活地构造检索策略,排序并整理检索结果。智能化是网络检索的发展趋势,即由网络向用户提供更为简易、方便的服务功能。②个性化。网络环境中的数据源多样,同时,网络的发展使得一批甚至一个计算机终端或者一个站点都可以成为一个小型的数据源,这种小型的数据源可以提供可供检索的数据信息,而且随着全球性网络的不断发展,这种计算机终端和站点会越来越多,因此,个性化的发展趋势是未来信息检索的特色之一。③主动化。网络环境使世界范围内的信息资源主动传播成为现实,具有较强的检索功能和灵活多样的检索结果输出形式,并可以通过网络主动分发给信息用户,可以预见,网络环境中的信息检索向着主动化的方向发展。

与此同时,如何从海量的信息中高效地获取有关知识,如何提高信息检索的准确度水平,以及如何满足各种用户不同的个性关注是信息服务系统面临的挑战性课题。个性化信息检索服务将是未来信息检索服务的发展主流。所谓个性化,强调的是针对不同用户的独特信息需求进行独特的检索服务。在信息检索中,不同用户的知识和所处的领域不同,往往其习惯也不同。另外,不同用户对检索结果的选取原则和排序方法也可能不同。因此信息检索系统需要根据用户个性化信息查询的实现来检索结果的个性化。个性化信息检索服务又称为信息的选择性检索,根据一定范围内的用户对某领域的信息需求,确定信息检索服务主题,然后围绕主题进行信息的检索与排序。个性化信息检索服务可以大大缩短用户查找信息的时间,有利于信息利用效率的提高。近年来,个性化信息检索服务发展很快,主要通过收集用户对结果的反馈,进一步提高服务质量。由于该项服务效率高,因而颇受各类用户欢迎。

信息检索排序中,个性化信息检索服务具有以用户为中心的特点。针对不同个性要求的服务,形成了事实上的个性化信息服务业务类型。个性化信息检索服务是一种针对用户个性需求与行为的服务,因而具有用户定向和资源定向的特征。以用户为中心是个性化信息检索服务区别于传统信息检索服务的本质特征;以用户为中心要求所有的检索服务必须以满足用户需求为前提;以用户为中心是信息检索系统开拓面向用户的检索服务内容,是提高服务质量的必然选择。重视与用户交互,允许用户充分表达个性化需求,对用户需求行为进行挖掘,实现服务提供者与用户交互,是开展个性化服务的关键之一。信息服务产品要提供友好界面,方便用户描述自己的需求,方便用户反馈结果。只有这样,才能适时掌握用户的个人习惯、爱好等信息,为用户提供"量身定制"的个性化信息检索服务。

1.1.3 查询推荐排序

现代化战争,对信息获取的准确性、时效性要求不断增加,信息检索排序方法的研究有利于实现信息获取的准确性,而查询推荐方法的研究则更注重于信息获取的时效性。查询推荐的主要目的在于当用户进行信息检索行为时,只要在检索框中输入极少量字符,查询推荐系统就可以根据用户的需求,预测用户的查询短语,帮助用户构造查询词,而无需用户输入完整的查询短语,从而节省用户信息检索过程所用的时间。传统的信息检索系统如 Google,Bing,Yahoo 和 Baidu 都已经引入该功能,并被用户普遍接受。查询推荐是一种提升用户检索满意度和增强用户体验的重要工具,主要用于推荐用户输入字符相关的查询短语,目前被广泛用于互联网信息检索系统中,用来节省用户输入查询的时间。研究发现[4],用户使用信息检索系统推荐的查询至少减少了用户 50% 的输入时间。

众所周知,当用户提交一个好的查询词给信息检索系统获取信息需求时,系统通常会反馈一组较好的检索结果。对于某个领域专家,构造一个好的查询短语并非难事。但是,当一个用户并非某个领域的专家时,需要构造一个好的查询短语可能存在一定的困难。输入一个较差的查询词给检索系统,这往往导致检索结果准确度降低,无法满足用户的信息需求。在战场环境下,由于某种原因,用户无法准确地构造一个好的查询词的情况会时常发生。因此,查询推荐可以帮助用户在不能准确表达查询需求时,通过挖掘其余用户的查询记录,推荐给当前用户一组可能的查询短语,帮助用户构造一个较好的查询短语,进而获得满意的检索结果。

综上所述,研究面向信息精准服务的信息检索和查询推荐方法,能够对各类信息进行统一组织和有效管理,灵活高效地为各级用户指挥决策任务提供所需信息,进而满足用户在完成军事任务时的信息需求。该研究是沟通各类信息资源与用户服务需求的桥梁与纽带,是构建军事信息系统必须解决的关键技术,是解决我军信息化条件下战斗力生成的关键与基础支撑。

1.2 研究问题和意义

1.2.1 研究问题

本书主要的研究问题包括以下几点:

(1)如何结合用户在信息检索系统中保留的历史查询和浏览文档的记录,应用用户对检索结果的相关度反馈,生成信息检索排序规则模型,提高检索系统的准确率?

(2)在用户提供对检索结果相关度反馈的基础上,如何获取信息表达的有效特征,结合机器学习算法,生成可靠的信息检索相关度排序模型,用来提高信息检索排序的相关度准确性?

(3)信息检索的个性化可进一步提高信息检索排序准确性,如何结合用户长期或者短期的查询浏览记录,预测用户的关注,并以此生成个性化的信息检索排序模型,来提高信息检索的准确性?

(4)如何挖掘用户的历史行为记录,预测其查询偏好,当用户输入极少量的查询字时,检索系统给予用户一组有用的查询推荐词,以供用户选择,提高用户信息检索的满意度?

(5)现有的检索系统通常只能推荐给用户一组数目有限的查询词,这些查询词之间可能彼此语义相似度很高,表达查询意图相近,由于系统返回查询词数目有限,如何在这组查询词中移除冗余的推荐查询词,进而保证检索系统能推荐尽可能多的不同主题查询词来供用户选择?

解决以上几个研究问题有利于提高信息系统检索服务水平,并为实现信息系统的精准服务提供支持。

1.2.2 研究意义

针对上述研究背景以及提出的若干研究问题,开展本书的研究工作,其具体的研究意义包括:

(1)在理论研究上,我们通过基于概率图模型、贝叶斯概率准则、矩阵分解等理论研究,提出合理的信息检索和查询推荐算法,丰富了现有的基于机器学习和基于个性化特征的信息检索和查询推荐算法。

(2)在军事应用上,我们提出的信息检索模型和查询推荐模型,可以帮助用户获取相关性更高的信息,解决用户的信息需求,提高军事信息系统的精准服务水平,辅助作战指挥决策,优化现有的军事信息系统。

本书的研究点有利于结合现有的结构化数据库信息检索系统,构建全面的结构化和非结构化的信息检索系统,实现用户的主动信息检索和被动信息推送,提升用户信息获取能力,进一步改善现有信息系统的服务水平。比如,针对联合作战指挥,本书研究的个性化信息检索方法可以搜集信息检索系统中相同角色用户的历史查询记录,便于检索系统向其他相同角色用户推荐类似检索结果,从而提高用户信息需求满意度,辅助联合作战指挥。同时在联合作战背景下,可靠的信息检索与查询推荐方法可以减少情报搜集分析人员的信息获取时间,从而可以迅速解决指挥员的信息需求,帮助其做出及时的作战决策。

1.3 研究现状

1.3.1 信息检索排序相关研究

传统的信息检索过程是根据用户的查询即关键词从大量的文档中找到满足用户要求的相关文档。信息检索模型是指对查询和文档进行表示,然后对它们进行相似度计算,并最终给出文档相关度排序的框架和方法,其本质上是对相关度建模,如图1.2所示。

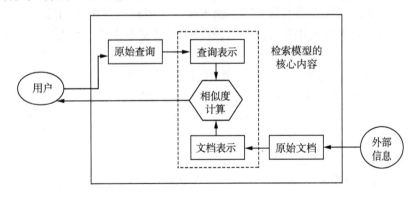

图1.2 信息检索中相关度判断模型

由此可见,信息检索系统主要包括以下三个部分:

(1)文档集。随着大量且不断变化的各类信息的出现以及相关技术和硬件设备的发展,人们对信息检索系统的需求越来越大,对检索的要求也越来越高。信息检索系统首先要将文档信息作为检索对象,建立索引库,然后利用计算机抽取标识符,对每个文档建立索引,确保能被信息检索系统检索。

(2)用户查询。用户提交查询给检索系统,系统将其作为处理目标,搜寻文档集,并判断其中哪一对象与用户查询相匹配。用户首次提出查询时,对查询的描述也许并不完全,因此,系统还需不断修改或扩充用户查询。用户查询包括用户关注的关键词、自然语言、逻辑关系式等。这与数据库查询处理不同,数据库中的查询有一定的语义定义,且缺乏真正的自然语言表示。

(3)文本与用户提问相匹配。给定文本集与用户提问的描述,通常要判断该文档集与用户提问间的匹配程度。匹配处理的技术基础是自然语言处理技术以及能对文档集和用户提问做出严格的表示。相似度计算过程就是查询布尔表达式与数据库中文档的布尔表达式逐一匹配,匹配成功即为用户所需的检索信息,它与传统数据库的匹配检索相类似。

随着信息检索技术的深入研究与发展,根据相关度判别方法的不同,发展出了不同的信息检索模型。

1.3.1.1 布尔模型

布尔模型是基于集合理论和布尔代数的一种简单的检索模型。在布尔模型中,文档索引词的权重只有 0 和 1 两种,分别表示文档中不包含该索引词和包含该索引词。用户查询条件是由标准逻辑操作符 AND($\wedge$)、OR($\vee$)和 NOT($\neq$)将索引词连接起来构成布尔表达式,然后再通过与文档的表征表达式进行逻辑比较来检索相关文本。由于集合的概念非常直观,所以布尔模型为信息检索系统的普通用户提供了一种易于掌握的框架。由于布尔模型内部简单、形式简洁,引起了广泛的关注,并且在早期的许多商业书目系统中得以采用。

标准布尔逻辑模型是二元逻辑。在布尔模型中,首先要针对文本定义一系列的二元特征变量,这些特征变量一般是从文本中提取出来的文本索引关键词,有时也包括一些更为复杂的特征变量,如数据、短语、私人签名和手工加入的描述词等。其次,使用这些特征变量的集合来表示文本 $d_i = \{t_{i1}, t_{i2}, \ldots, t_{in}\}$,其中 n 是特征项的个数,t_{ik} 为 True 或 False。如果特征项 k 在文本 d_i 内容中出现,就赋予 True 值,反之置为 False。在布尔模型中,用户可以根据检索关键词在文本中的布尔逻辑关系,用 AND($\wedge$)、OR($\vee$)和 NOT($\neq$)等逻辑运算符将多个关键词连接成为一个逻辑表达式来递交查询。匹配函数由布尔逻辑的基本法则确定,通过对文本表达式与用户查询表达式的逻辑比较进行检索,所检索出的文本或者与查询相关,或者与查询无关。例如,设文本集 $D = \{d_1, d_2, d_3, \ldots, d_n\}$ 含 n 个文档,$d_i(i = 1, 2, \ldots, n)$ 为文本集中某一个文档,$d_i = \{t_{i1}, t_{i2}, \ldots, t_{in}\}$,$t_{ik}$ 为 d_i 的某个标引词,标引词集合为 T,则对于查询 $q = \{w_1 \wedge w_2 \wedge \ldots \wedge w_k\}$,如果对于任意 k,都有 $w_k \in T$,则 d_i 为查询 q 的命中文档,否则 d_i 为 q 的不命中文档;对于查询 $q = \{w_1 \vee w_2 \vee \ldots \vee w_k\}$,如果至少存在某个 $w_k \in T$,则 d_i 为 q 的命中文档,否则 d_i 为 q 的不命中文档。

布尔模型的最大优点是机制简单,检索效率很高,速度快,易于表达一定程度的结构化信息,因此在早期的商用信息检索系统中得到了普遍应用。尽管布尔模型简化了用户的检索方式,它的缺陷也是显而易见的。第一,它的检索策略是基于二元判定标准(例如,对于检索来说,一篇文档只有相关和不相关两种状态),缺乏文档分级的概念,并没有一个量化的相关度,检索结果没有按照文献的重要性进行排序,用户无法直观地通过检索结果获取重要的文献,只能逐一浏览检索结果以此辨别出自己所需的文献。第二,虽然布尔表达式具有精确的语义,但实际上大多数用户发现在把他们所需的查询信息转换为布尔表达式时并不是那么容易,检索词的简单匹配也不能完全反映用户的实际检索需求。

1.3.1.2 向量空间模型

由于布尔检索模型二元权重的局限性,向量空间模型(vector space model)中构建了一个适合部分匹配的框架。向量空间模型对查询和文献中的标引词分配非二值权值,用权值计算文献和查询之间的相似度,对检出的文献按相似度降序排列,以实现查询和文献的部分匹配。向量空间模型由 Salton 等人于 20 世纪 70 年代提出并成功应用到著名的 SMART 文本检索系统。它把对文本内容的处理简化为向量空间中的向量运算,并用空间上的相似度表达语义的相似度。将文档表示成向量空间中的向量,通过计算两向量之间的余弦距离便可度量文档间的相似性。向量空间模型假设文档中各个特征词之间是独立的、互不影响的,查询和文档都可以用标有权重的特征词向量来表示。向量空间模型是一种广泛应用于信息检索领域的模型,主要原因是它具备概念简单、应用方便以及利用空间相似性来逼近语义相似性等优点。

在向量空间模型中,文档是使用特征项构成的向量来表示的,如文档向量 $d_i = (t_1, w_{i1}; t_2, w_{i2}; \ldots; t_n, w_{in})$,其中,$n$ 是特征项的数目,特征项 t_k 与布尔模型中类似,w_{ik} 为特征项 t_k 在文档 d_i 中的权重。查询 q 的向量可以表示成 $q = (t_1, w_{i1}; t_2, w_{i2}; \ldots; t_n, w_{in})$,其中 w_{ik} 代表特征词 t_k 在查询 q 中的权重。图 1.3 为在向量空间模型中计算查询和文档相似度的示意图,形象地描述了向量空间模型的基本原理。两个向量的夹角越小,表示查询 q 与文档 d 越相关。

一般有两种方法来确定权值 w_{ik},一种方法是由专家或者用户根据自己的经验与所掌握的领域知识人为地赋予权值,这种方法随意性很大,而且效率也很低,很难适用于大规模文本集的处理;另一种方法是运用统计学的知识,也就是用文本的统计信息(如词频、词之间的同现频率等)来计算项的权重。大部分的统计方法都基于香农信息学理论:①如果特征项在所有文本中出现的频率越高,那么它所包含的信息熵也就越少;②如果特征项只在少量文本中有较高的出现频率,那么该特征项就会拥有较高的信息熵。

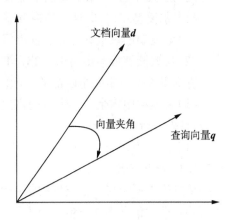

图 1.3　信息检索中向量空间模型相似度计算实例

向量空间模型中通常采用 $TF - IDF$ 的方式获取特征词权重,即 $w_{ik} = TF_{ik} \times IDF_{ik}$。$TF$ 是特征词在文档中的出现次数,通常将一篇文档中的所有特征词的 TF 值归一化到 $[0,1]$ 之间,如式(1.1)和式(1.2)所示。

$$TF_i \leftarrow 0.5 + 0.5 \times \frac{TF_i}{\max(TF_i)} \qquad (1.1)$$

$$TF_i = \frac{TF_i}{\sqrt{\sum_i TF_i^2}} \qquad (1.2)$$

其中,IDF 是逆文档频率,是文档频率 DF 的倒数,文档频率即特征词在全部文档集合中出现的文档篇数。

$$IDF \leftarrow \log \frac{N}{DF} \qquad (1.3)$$

其中,N 是文档库中文档个数。DF 反映了特征词的区分度,DF 越高表示特征词越普通,其区分度就相对越低;反之,DF 越低,特征词的区分度就相对越高。

于是,计算文档与查询之间的相似度,即相关程度,通常用两向量的余弦函数来表示:

$$\text{similarity}(\boldsymbol{d}_j, \boldsymbol{q}) = \frac{\boldsymbol{d}_j \cdot \boldsymbol{q}}{|d_j| \times |q|} = \frac{\sum_i^t w_{ij} \times w_{iq}}{\sqrt{\sum_i^t w_{ij}^2} \times \sqrt{\sum_i^t w_{iq}^2}} \qquad (1.4)$$

其中, $\boldsymbol{d}_j$ 为文档向量, $\boldsymbol{q}$ 为查询向量。

向量空间模型可以实现文档的自动分类和对查询结果的相似度排序,能够有效提高检索效率。但是向量空间模型同样具有自己的缺点:

(1)向量空间模型计算量大,当有新文档加入时,则必须重新计算词的权值。

(2)查询词权重的设定受人为因素的影响。

(3)该模型假设所有的索引项之间是互相独立的,没有考虑索引项之间的相互关系。但是人们在实践中发现,自然语言中,词之间存在着十分密切的联系,独立假设对计算结果有一定的影响。这些索引项的相互依赖性对系统的性能造成影响。因为在某些文档中,很多索引项都是相互独立的,如果对它们不加选择地应用于语料库中所有文档,必将损害系统的性能。

与布尔模型相比,向量空间模型最主要的优点在于:

(1)该模型的权重计算方法能够提高系统的检索性能,改进检索效果。

(2)模型能够检索出与用户的查询输入条件"近似"的文档,其部分匹配的策略允许检索出与查询条件不一定完全匹配的文献。

(3)在模型中用余弦来进行距离度量,于是可以根据检索出的结果与查询条件的相关程度,对结果进行排序。

由于向量模型简单、计算方便,已经成为流行的信息检索模型。

1.3.1.3 概率检索模型

信息检索系统与其他类型的信息系统的主要区别在于信息检索的内在不确定性:一方面所需要查询的信息不能被精确地表示,另一方面没有一个清晰的过程来判别一个数据对象是否就是所需要的。而处理不确定性最成功的方法就是概率模型。Roberston 和 Spack Jones 于1976 年提出经典的概率模型,是为了解决检索中存在的一些不确定性而发展起来的,以数学理论中的概率论为原理的一种检索模型。

概率模型中,主要通过估计文献与用户查询相关的概率,对文献集合中的文档进行排序。概率模型的优势在于有很多形式,采用严格的数学理论为依据,能够按照相关度概率来对检索结果进行排序。它的检索效率要明显优于布尔模型。概率模型的基本思想是:对于用户的每一个检索请求,检索系统中都存在与之相对应的理想命中集合 R。但在用户检索之初,系统并不确定 R 的具体特性。所以,在检索开始时,系统依据用户的检索请求对 R 做出初步的猜测,从而获得一个原始的结果命中集合。在该原始结果命中集合的基础上,检索系统对该集合中的文档的相关性做进一步的判断,从而使原始结果命中集合不断趋向于 R。在该模型中,用户的检索词序列及 Web 文档都是用向量形式表示。R_c 表示 R 的补集,即与用户检索请求不相关的 Web 文档集合。$P(R \mid d_j)$ 表示文档 d_j 与理想命中集合 R 相关的概率。$P(R_c \mid d_j)$ 表示与 R 不相关的概率。因此文档 d_j 与用户检索查询 q 之间的相似度可用式(1.5)衡量:

$$\text{sim}(d_j, q) = \frac{P(R \mid d_j)}{P(R_c \mid d_j)} \qquad (1.5)$$

由贝叶斯定理可进一步将式(1.5)改为:

$$\text{sim}(d_j, q) = \frac{P(d_j \mid R) \times P(R)}{P(d_j \mid R_c) \times P(R_c)} \qquad (1.6)$$

检索向量中查询词权重的计算可通过已知样本集合推理得到,如公式(1.7)所示:

$$w = \frac{r/(R-r)}{(n-r)/[N-n-(R-r)]} \qquad (1.7)$$

其中,N 为样本集合的文档总数,n 为集合中包含该检索词的文档数,R 为与查询相关的文档数,r 为与查询相关且包含该检索词的文档数。由此可将查询 q 表示成 $(w_1, w_2, \ldots, w_i, \ldots, w_t)$,文档 d 可表示成 $(x_1, x_2, \ldots, x_i, \ldots, x_t)$,$x_i$ 的值取 1 或 0,即对应位置的检索词若存在,则取 1,否则取 0。q 和 d 之间的相似度函数可用式(1.8)表示:

$$\text{sim}(d, q) = \sum_{k=1}^{t} x_k w_k \qquad (1.8)$$

概率模型是一种不断靠近并最终确定检索文档集合特征的算法,它采用了某些归纳学习的方法以优化和完善检索结果。概率检索模型具有简单、直观等特点,为信息检索实践提供了有利的指导。概率模型的主要优点是:

(1)采用严格的数学理论为依据,为人们提供了一种数学理论基础来进行检索决策,其中没有应用用户难以运用的布尔逻辑方法,在操作过程中使用了词的依赖性和相互关系。

(2)文献根据它们与检索的相关概率值大小按递减的顺序进行排序。

其缺点是:

(1)开始时需要将文献分成相关的集合和不相关的集合,增加了工作量。

(2)标引词的分布需要互相独立。

(3)存贮和计算的开销很大,参数估计有一定的困难。

(4)各种参数的设置含有一定人为因素的干预。

(5)文档向量中关键词的权重取值单纯用 0 或 1 表示,忽略了词频对其的影响。

(6)忽略了关键词之间的关联关系。

1.3.1.4 语言模型

1998 年 Ponte 和 Croft 将语言模型(language model, LM)应用到信息检索中。语言模型在应用于信息检索之前,已经成功地应用于语音识别、机器翻译以及中文分词等领域。统计语言模型是关于某种语言所有语句或者其他语言单位的分布概率。也可以将统计语言模型看作是生成某种语言文本的统计模型。一般来说,语言模型的研究需要回答的问题是:已知文本序列中前面 $i-1$ 个词汇,则第 i 个词汇为单词 w 的可能性有多大?在信息检索研究中,一个句子的概率常常被分解为若干 n-gram 概率的乘积,也就是 n 元语言模型。我们假设 S 代表了某个长度为 k 的特定单词序列,$S = \{w_1, w_2, \ldots, w_k\}$,$n$ 元语言模型将词汇序列 S 看作是具有以下概率值的马尔科夫过程:

$$P(S) = \prod_{i=1}^{k} P(w_i \mid w_1, w_2, \ldots, w_{i-n+1}) \qquad (1.9)$$

其中,n 代表了马尔科夫过程的阶数。当 $n = 2$ 时,我们常常称之为二元语言模型。它利用词汇对的同现信息来进行相关参数的概率估计。当 $n = 1$ 时,我们称之为一元语言模型,它利用了每个词汇的出现频率作为参数进行概率估计。在语音识别或者机器翻译中,词汇序列是很重要的信息,所以常常采用高阶的语言模型。在信息检索领域,词汇序列的作用还不是很清楚,所以经常采用的语言模型是一元语言模型。Ponte 和 Croft 最初提出的语言模型检索方法现在经常被称为"查询条件概率模型"。这个模型假设用户头脑中有一个能够满足他的信息需求的理想文档,用户从这个理想文档中抽取词汇作为查询条件,用户所选择的查询条件词汇能够将这个理想文档同文档集合中其他文档区分开来。这样,查询条件可以看作是由理想文档生成的能够表征该理想文档的文本序列。由这个假设我们可以看出信息检索系统的任务被转化为判断文档集合中每个文档与理想文档哪个最接近的问题。也就是说,我们需要计算:

$$\text{argmax}P(d \mid q) = \text{argmax}P(q \mid d)P(d) \tag{1.10}$$

其中,q 代表查询,d 代表文档集合中某个文档。先验概率 $P(d)$ 对于文档集合中每篇文档来说都是相同的。所以关键是估计每篇文档的语言模型 $P(q \mid d)$。换句话说,我们首先需要估计每篇文档的词汇概率分布,然后计算从这个分布抽样得到查询条件的概率。并按照查询条件的生成概率来对文档进行排序。查询条件生成概率 $P(q \mid d)$ 可以转化为两个概率的乘积:一个是生成查询条件词汇的概率,另一个是没有生成查询条件词汇的概率,如式(1.11)所示。

$$P(q \mid d) = \prod_{w \in q} P(w \mid d) \prod_{w \notin q} (1.0 - P(w \mid d)) \tag{1.11}$$

其中,$P(w \mid d)$ 利用包含词汇 w 的所有文档的平均概率和风险因子来计算。对于没有出现的词汇,使用文档集合的全局概率来计算。实验数据表明,尽管 Ponte 等人提出的语言模型只是很简单的模型,但是在检索效果方面已经可以和目前性能最好的概率检索模型相当或者更好。但是,统计语言模型研究中面临的数据稀疏问题在检索中更显得突出。因为事实上每篇文档所包含的词汇数量并不多,利用如此少的数据量来对参数进行经验估计产生的结果并不理想,因为它低估了出现频率少的词汇概率而相应地高估了高频词汇的概率。为了减轻上述问题的影响,研究人员提出了不同的数据平滑方法来对式(1.11)的经验估计值进行调整。最常用的平滑方法包括贝叶斯平滑方法、线性插值平滑方法等。

与传统信息检索模型相比,语言模型检索方法有下列优点:

(1)能够利用统计语言模型来估计与检索有关的参数。

(2)可以通过对语言模型更准确的参数估计或者使用更加合理的语言模型来获得更好的检索性能。这样,与传统的模型相比较,在如何改善检索系统性能方面有更加明确的指导方向。

(3)对于文档中的子主题结构和文档间的冗余度建立统计模型也是有帮助的。

但是,语言模型本身还存在一定的缺点:

(1)该模型隐含着词汇相互独立关系,没有考虑词汇间的相互影响。

(2)传统检索模型中查询反馈技术在概念层面融入语言模型框架比较困难。

1.3.1.5 用户反馈模型

根据用户与信息检索系统交互的方式差异,可以将用户反馈分为相关反馈、伪相关反馈和间接相关反馈。相关反馈指在信息检索过程中,通过用户交互来直接反馈结果的相关性,换言之,用户会对初次检索结果的相关性给出直接的评判。伪相关反馈,提供了一种自动局部分析的方法,它将相关反馈的人工操作部分自动化,因此不需要用户进行额外的交互就可以获得检索性能的提升,比如假设检索结果中位置靠前文档必然相关等。隐式相关反馈,该方法利用间接的资源而不是显示的反馈结果作为反馈的基础,比如通过用户的行为分析等方法获取用户对文档相关度的判断。

相关反馈 相关反馈(relevance feedback)也称直接相关反馈或显示相关反馈,其主要思想是,在信息检索的过程中通过用户交互来提高最终的检索效果,即用户会对初次检索结果的相关性给出反馈意见。其具体过程通常包括：

（1）用户提交一个初始查询至信息检索系统。

（2）系统根据相关度排序返回部分检索结果。

（3）用户对部分结果进行相关度判断，将它们标注为相关或者不相关。

（4）系统基于用户的相关度判断构造出一个更好的查询来表示信息需求，以便获取更能满足用户需求的结果。

（5）利用新构造的查询，系统再次返回一个新的检索结果。

基于相关反馈的信息检索过程可以按照过程多次循环，直到用户找到满意结果为止。基于相关反馈的信息检索过程主要基于如下假设：当用户没有足够的专业知识时，构造一个好的查询很困难，但是让用户来判断检索结果的相关性却是相对容易的。因此，按照上述方式进行查询的反复优化构造，对提高检索性能非常有帮助。这种场景下，相关反馈对于跟踪用户信息需求的变化也是相当有效的，这是因为用户看到某些文档之后可能会使他们对原来所理解的信息需求进行修正，或者完全彻底地改变了初始的查询意图。

图像、视频等多媒体的检索是信息检索应用中典型的基于用户相关反馈的成功例子。比如，在图像检索过程中，用户不容易用词语来直接详细地表达需求，但是很容易标识图像结果是否满足其信息需求，即判断图像相关和不相关非常容易。相关反馈的成功依赖于某些假设：第一，用户必须要有足够的知识建立一个不错的初始查询，该查询至少要在某种程度上接近需求文档；第二，相关反馈方法要求相关文档之间非常相似，这样便于计算文档相似度。

Rocchio 相关反馈算法是基于用户相关反馈算法中的一个经典算法，将相关反馈信息融入到向量空间模型中，使得向量中元素值改变，进而影响基于向量的相似度指标，比如 cosine 相似度等。Rocchio 相关反馈算法的基本思想是：假定我们的目的是寻找一个最优的查询向量 q，如图 1.4 所示，它与相关文档之间的相似度最大且同时与不相关文档之间的相似度最小，该最优化的 q 可以通过如下最优化过程获得：

$$q_{opt} \leftarrow q_0 + \mathrm{argmax}_q(\mathrm{similarity}(q, C_r) - \mathrm{similarity}(q, C_{nr})) \quad (1.12)$$

其中，C_r 表示相关文档集，C_{nr} 表示不相关文档集，$\mathrm{similarity}(x, y)$ 返回的是两个输入向量的余弦相似度，如：

$$\mathrm{similarity}(x, y) = \cos(x, y) = \frac{x \cdot y}{|x| \cdot |y|} \quad (1.13)$$

采用余弦相似度计算时，能够将相关文档与不相关文档区分开的最优查询向量为：

$$q_{opt} \leftarrow \alpha q_0 + \beta \frac{1}{|C_r|} \sum_{d_j \in C_r} d_j - \gamma \frac{1}{|C_{nr}|} \sum_{d_k \in C_{nr}} d_k \quad (1.14)$$

其中，q_0 是原始查询向量，α，β 和 γ 是三者的权重，这些权重能够控制判定结果和原始查询向量之间的平衡：如果存在大量已判定的文档，β 和 γ 赋予的权重较高，修改后的新查询从 q_0 开始，向着相关文档的质心靠近了一段距离，而同时又向着不相关文档的质心偏离了一段距离，可见寻求的最优查询向量等于相关文档的质心向量和不相关文档的质心向量的差。通过减去不相关文档的向量，我们很容易保留向

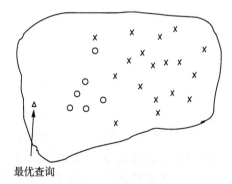

最优查询

图 1.4　Rocchio 算法中将相关和不相关文档区分开的最优查询

量空间的正值分量。在 *Rocchio* 算法中,文档向量中的权重分量如果为负值,那么该分量将会被忽略,也就是说,此时会将该分量权重设为 0。

虽然相关反馈可以提高召回率和正确率,然而,实际表明该技术在一些重召回率的场景下,对于提高召回率非常有用。这其中的部分原因在于它对查询进行了扩展,另外预计用户可能会花很多时间来浏览结果并进行反复检索。正反馈往往比负反馈更有价值,因此在很多信息检索系统中,会将参数设置成 $\gamma < \beta$。实际上,很多信息检索系统,都只支持用户进行正反馈,即用户选定相关的结果,却无法给出不相关结果的反馈,相当于设置 $\gamma = 0$。图 1.5 给出了应用相关反馈技术获取最优查询的相关示意图。基于这些用户反馈信息,初始查询向量会在反馈作用下向最优查询方向移动。

除了上文介绍的 Rocchio 相关反馈算法外,基于概率的相关反馈算法也取得了不错的检索性能,通过用户告诉系统某些相关和不相关结果,可以通过生成分类器而不是修改查询向量的权重来进行相关反馈。该过程可以采用朴素贝叶斯概率模型来实现。概率检索模型是通过概率的方法将查询与文档联系起来的一种模型。存在两个基本假设,即文献集中检索词之间的分布是相互独立的和二元属性取值假设 [即文档 *d* 可以表示为

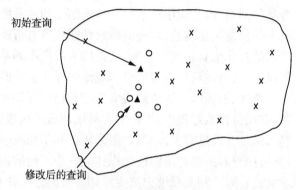

（。表示标记的相关文档，× 表示标记的不相关文档）

图 1.5 Rocchio 算法过程示意图

$(x_1, x_2, \cdots, x_n)$,其中二元随机变量 x_i 表示检索词 t_i 是否在 *d* 中出现,如果出现则取值为 1;否则为 0]。概率模型不同于 Rocchio 相关反馈算法,它考虑的是检索词在相关文献、不相关文献中的概率分布,不考虑对查询词进行修改。用户对检出文献进行相关性判断,系统利用该反馈信息,根据每个检索词在相关和不相关文献集中的分布情况来修改其相关概率,从而计算出各自的权重,并根据包含在每篇文档中与查询表达式中匹配的检索词的相关权重计算出文献的权值,据此对文献进行排序输出。

假设 *Rel* 是一个布尔变量,用于表示文档的相关或不相关,那么可以根据文档的相关性,来估计词项 *t* 出现在该文档中的概率,即:

$$P(x_t = 1 \mid Rel = 1) = \frac{|R_t|}{|R|} \tag{1.15}$$

以及

$$P(x_t = 0 \mid Rel = 0) = \frac{df_t - |R_t|}{N - |R|} \tag{1.16}$$

其中, N 是文档集总数, df_t 是包含 t 的文档数目, R 是相关文档数目, R_t 是相关文档中包含词项 t 的文档数目。通过用户反馈信息,不断改变文档词项的概率值,该概率值可以衡量某个词项在文档中的权重,同时查询词也用一个基于词项的特征向量表示。最终通过计算两个向量的相似度实现衡量查询与文档的相关性,并进行排序输出。

概率模型中的反馈有一个特点:新的查询词与旧查询词无关,但原始查询中的词应当占有更重要的地位。对于原始查询中的词,可以给予适当的加权调整。这种方式可以得到更高的检索效率。

综上所述,对于用户而言,基于相关反馈的信息检索方法并不一定很受欢迎。用户往往不愿意进行直接的显式反馈,不希望延长检索交互时间。同时,直接应用相关反馈技术会产生长查询,这对常规的信息检索系统来说会降低系统的效率。长查询会引起检索实现时更高的计算开销,从而导致系统对用户的应答时间更长。这些缺点影响了基于用户相关反馈的广泛应用。

伪相关反馈 伪相关反馈(pseudo relevance),也称盲相关反馈(blind relevance feedback),它提供了一种自动局部分析的方法。它将用户直接相关反馈的人工操作部分自动化,因此用户不需要进行额外的交互就可以获得检索性能的提升。该方法首先进行正常的检索过程,返回最相关的文档构成初始集,然后假设排名靠前的 k 篇文档是相关的,最后在此假设上像以往一样进行相关反馈。过程步骤如下:

(1)用户提交一个初始查询至信息检索系统。

(2)系统根据相关度排序返回部分检索结果。

(3)假设初始查询返回的部分结果相关,即在大多数实验中仅前 k 个相关,k 是位于 10 和 50 之间的数。

(4)根据上述的相关文档,执行查询扩展或者概率模型算法,构造新的查询。

(5)利用新构造的查询,系统再次返回一个新的检索结果。

这种自动化的反馈技术在大多数情况下都会使得信息检索效果获得提高,甚至好于全局分析。通过查询扩展,一些在初始查询中错过的文档能被重新获得,从而提高了整体检索性能[5]。很显然,这种方法的效果非常依赖于所选择的扩展词语的质量,目前已经发现它在TREC 信息检索任务中提高了性能。

伪相关反馈可避免自动处理过程的危险,然而,如果加入原始查询的词语与查询主题并不相关,检索质量有可能会下降,尤其是在 Web 检索中,Web 文档经常会覆盖多个不同的主题[6]。比如目前的主流信息检索系统都考虑了检索结果的时效性,即会将当前热门的文档排得比较靠前,这就增大了风险,因为盲相关反馈高度依赖结果中靠前的文档。比如,查询关于"马航"的信息,返回的排在前面的多篇文档都与"MH17"或者"MH370"有关,那么进行伪相关反馈后查询会向这两起空难相关主题漂移,这使得想要了解"马航"其他信息的用户无法获得较好的返回结果。为此,基于用户间接相关反馈的方法得到了发展。

间接相关反馈 基于用户间接相关反馈技术,即在反馈过程中,利用间接的用户反馈信息而不是直接用户参与作为反馈结果。这种方法也常常称为隐式相关反馈(implicit relevance feedback)。间接相关反馈不如直接相关反馈可靠,但是会比没有任何用户判定信息的伪相关反馈更有用。此外,用户参与显式相关反馈的比例不是很高,但是在一个如 Web 信息检索系统一样的具有高访问量的信息检索系统中,收集一定数量的用户隐式反馈信息是相对容易的。

间接相关反馈主要来自于用户在信息检索过程中的正常行为,因此这无需用户额外的精力去参与这个反馈过程。但是间接相关反馈相对于直接相关反馈而言,遇到的噪声也相对增大,因为系统必须去预测用户对检索结果的满意度,也就是检索结果与查询的相似度,而非直接获取用户给出的检索结果与查询的相似度。具体而言,我们可以从如下用户行为中获取用户的间接相关反馈信息:用户点击当前信息检索结果记录;用户的短期查询和点击行为记录;用户的长期查询和点击行为记录;用户浏览检索结果的时间;用户眼睛关注度跟踪;等等。

搜集用户的点击行为[7]作为间接相关反馈主要基于如下假设:用户通常会点击相关的检索结果;用户的短期查询记录,可以用于预测用户当前的查询意图;用户的长期行为记录,包括用户提交的查询、浏览的网页以及打开的文档等,这些信息可以用来推断用户的主要关注点;用户浏览检索结果的时间,可以用来预测检索结果与查询的相关度,用户在检索结果上的花费时间越长,表明检索结果与用户查询相关的可能性越大;跟踪用户眼睛的注意点,可以预测用户对检索结果的满意程度,即慢速的水平移动表明用户在仔细阅读,检索结果相关的可能性较大。

这些用户间接相关反馈已被广泛应用于信息检索排序模型中[8],当用户提交一个查询时,检索系统就会把以前用户提交的一个相同或者相似的查询的结果返回给用户,这些结果通常获得较大的点击率,因此认为与当前查询相关[9]。信息检索模型除了上面的几种模型外,还有其他模型,如模糊集合模型、扩展布尔模型。基于代数理论的模型有:广义向量空间模型、神经网络模型。还有一些概率模型,如贝叶斯模型和推理网络模型等。

1.3.2 查询推荐排序相关研究

为了提高信息检索的准确率,构造一个好的查询短语至关重要。查询推荐正是为了帮助用户构建查询短语,既可以节省用户输入查询词的时间,又可以推荐好的查询词给用户。具体来说,如图1.6(a)所示,查询推荐就是当用户输入少量查询字符时,检索系统首先返回一组可能的查询短语供用户选择来完成查询词的构建;此外,当用户继续输入字符时,查询推荐短语也会不断更新,如图1.6(b)所示,当用户在输入完"information"后继续输入"re",检索系统推荐的查询短语也在不断变化。

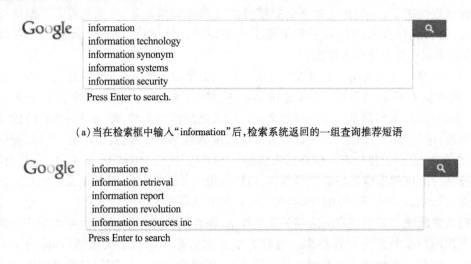

(a)当在检索框中输入"information"后,检索系统返回的一组查询推荐短语

(b)当在检索框中输入"information"后,继续输入"re",检索系统返回一组更新了的查询推荐短语

图1.6　信息检索系统查询推荐实例

1.3.2.1　时间敏感性的查询推荐排序方法相关研究

目前信息检索系统最常用的一种查询推荐排序方法是采用最大似然估计法,即基于查询短语的在一定时间范围内的查询次数来排序,如公式(1.17)所示:

$$MPC(p) = \text{argmax}_{q \in C(p)} w(q), w(q) = \frac{f(q)}{\sum_{q_i \in Q} f(q_i)} \tag{1.17}$$

其中,p 是用户输入的少量字符,q 是一个推荐的查询短语,$f(q)$ 是查询短语 q 在所有用户检索记录 Q 中出现的次数,也就是频率;$C(p)$ 是一组推荐的查询短语,这些短语都是以用户的输入字符 p 为开始。Bar-Yossef 等[10]将这种模型称为 MPC(most popular completion)模型。

从本质上讲,MPC 模型假设查询短语的频率是保持基本不变的[11],因此按照以往用户的查询次数来推荐查询词语,总的来说能够使得查询推荐的平均准确率最大化。然而,查询次数并非随时间保持稳定不变。如图 1.7 所示,根据 Google Trends,查询词"MH17"的查询次数在 2014 年 7 月 14 日出现了一个急剧的增长,而查询词"movie"和查询词"new year"的查询次数分别呈现出以一星期和一年为周期的变化趋势,这些信息能够被用来提高基于查询词频率的查询推荐方法的性能。

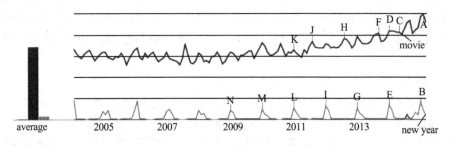

(a)2004 年至 2015 年,查询短语的相对查询次数比较

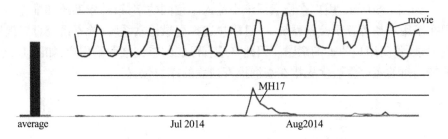

(b)2014 年 6 月至 8 月,查询短语的相对查询次数比较

图 1.7　查询短语的相对查询次数比较

基于上述观察得出的结论,Shokouhi[12]利用时间序列分析检测检索频率具有周期性的查询短语,并且尝试分析不同时间序列来预测查询短语的未来查询次数。在此工作上,Shokouhi和 Radinsky[13]提出了一种时间敏感性的查询推荐方法。该方法并非根据查询词在历史记录中的次数将查询词排序,而是根据上述基于时间序列分析方法预测查询短语的未来查询次数,以此对查询词进行排序来完成查询推荐。与公式(1.17)不同的是,该模型采用公式(1.18)排序准则:

$$TS(p,t) = \text{argmax}_{q \in C(p)} w(q \mid t), \text{where } w(q \mid t) = \frac{\hat{f}_t(q)}{\sum_{q_i \in Q} \hat{f}_t(q_i)} \qquad (1.18)$$

其中,p 是用户输入的字符,q 是一个推荐的查询短语,$\hat{f}_t(q)$ 是预测的在时间点 t 的查询频率,$C(p)$ 还是一组待推荐的查询短语。此外,Holt[14]提出了采用不同的时间序列方法来预测查询词的未来频率。

同样在观察查询词随时间变化的基础上,Cai 等[15]提出了一种结合查询词频率的周期变化和短期变化趋势的方法来预测查询词未来的查询次数,如公式(1.19)所示:

$$\hat{y}_{t_0+1}(q,\lambda) = \lambda \cdot \hat{y}_{t_0+1}(q)_{\text{trend}} + (1-\lambda) \cdot \bar{y}_{t_0+1}(q)_{\text{peri}} \qquad (1.19)$$

其中,$\hat{y}_{t_0+1}(q)_{\text{trend}}$ 是根据查询短语短期变化预测得到的未来时刻 $t_0 + 1$ 的查询频率,

$\bar{y}_{t_0+1}(q)_{peri}$ 是根据周期变化预测得到的未来时刻 $t_0 + 1$ 的查询频率,通过一个自由参数 λ 来控制两者的贡献,最后预测未来时刻 $t_0 + 1$ 的查询次数 $\hat{y}_{t_0+1}$。通过该方法对查询短语进行排序取得了较好的查询推荐性能。在此基础上,Cai 等[16]扩展该模型,使得该方法对某些不常用输入字符也取得了较好的查询推荐结果。

Golbandi 等[17]采用回归模型预测查询短语次数变化趋势;Kulkarni 等[18]则采用先对查询词聚类,再观察变化趋势的模式;Michail 等[19]采用压缩表达来检测查询次数的波峰波谷;查询短语之间的语义相似度也被用在查询推荐排序中[20,21]。这些方法主要将时间因素考虑至查询频率的预测中,取得了较好的结果,使得查询推荐性能不断提高,用户能够获得较好的查询推荐。

1.3.2.2 个性化的查询推荐排序方法相关研究

信息检索用户在信息检索过程中的行为已经被广泛地用于预测用户的查询意图,这些行为包括长期的用户查询点击[20-25]以及短期的浏览记录[26-29]。这些信息已成为个性化信息检索模型的重要依据[30,31]。本节主要介绍基于用户行为分析的个性化查询推荐排序方法的相关研究现状。研究表明,挖掘每个用户特定的相关检索信息,可以提高查询推荐的性能[10,32-34]。如图1.8所示,用户在检索系统中输入了相同的字符,检索系统却推荐了不同的查询。原因在于用户是否登录检索系统,一旦用户选择登录检索系统,检索系统可以提取用户以往的查询记录,预测用户的查询意图。因此将最有可能的查询推荐给用户,如图1.8(b)所示,用户以前查询过的短语将被优先排在查询推荐列表的靠前位置。

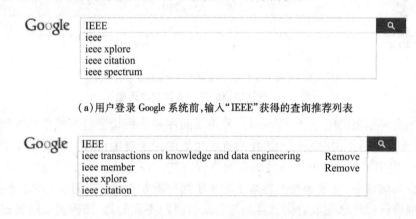

(a)用户登录 Google 系统前,输入"IEEE"获得的查询推荐列表

(b)用户登录 Google 系统后,输入"IEEE"获得的查询推荐列表

图1.8　Google 查询推荐实例:个性化与非个性化设置下输入"IEEE"后系统给出的查询推荐比较

个性化的查询推荐排序方法挖掘的信息主要来自于用户查询的行为记录[35,36],这些记录可以从用户所处的当前浏览环境中搜集。比如,Bar-Yossef 和 Kraus[10]提取用户在当前信息检索环境下提交的查询,来预测用户的查询意图,建立用户查询意图模型。在给查询推荐短语进行排序时,每个查询推荐短语都会得到一个与用户意图模型的相似度得分,得分越高,查询短语就被优先推荐。这种方法成立的有效假设是,用户在一个信息检索任务环境下,检索词之间都比较相似,因此越相似的查询就应该被推荐给用户。在此基础上,Cai 等[15]不仅提取了用户在当前检索环境下提交的查询短语,而且提取了长期以来搜集的用户提交的历史查询短语记录,通过这些短语来预测用户的关注模型,这个模型也被用来衡量与推荐查询的相似度,从而将与用户关注模型相似的查询推荐排在查询推荐列表的靠前位置。

同时,用户在检索过程中与检索系统的交互记录也被用来预测用户长期的关注或者短期的查询意图。例如,Li 等[37]通过观察用户与检索系统一连串的交互行为,找出具有类似行为的用户查询特征,利用这些特征来辅助完成当前用户的查询,并最终提出一个概率模型来预测用户可能要提交的查询。Zhang 等[4]则观察用户在输入查询这个过程中,与查询推荐列表的交互,假设用户没有选择列表中的某个推荐查询,就认为这个查询短语与用户的查询意图不相关,因此在后续查询推荐时就应该不推荐类似的查询短语。这种方法本质上就是将用户忽略某个推荐的查询短语作为一种负相关反馈信息,利用这个负相关反馈信息来实现个性化的查询推荐排序[38]。

　　上述研究的查询推荐模型主要目的是预测用户提交某个查询词的概率,并根据概率的大小来排序推荐查询,概率越大,排得越靠前。还有一些研究则基于机器学习算法(如 Lamb-daMART 算法[39]),侧重于提取有关用户行为的个性化特征,生成查询排序模型[34,40-42]。例如,Shokouhi[34]根据用户的年龄、性别以及地理位置差异采用不同的推荐原则。另外,该模型也考虑用户当前的查询记录等信息,提取个性化的用户特征,这些特征在个性化的信息检索排序中被广泛使用[25,43-46],基于这些用户特征生成查询排序模型。Jiang 等[40]则关注于用户在当前信息检索过程中的查询短语的变化,比如添加词、删除词等,提取了三类特征:term-level、query-level 和 session-level,这些特征能捕获用户深层次的查询习惯和查询意图,用来预测用户查询短语的重构变化,比现有模型[32,47]有较大提高。Mitra[41]提出基于神经网络[48]学习查询重构,挖掘查询短语之间的相互连续性来辅助查询推荐。在此基础上,Mitra 和 Craswell[49]又提出专门针对一些孤僻字符做查询推荐。随着更多有关用户查询的信息可以获取,Li 等[42]注意到用户选择查询推荐存在一种位置偏见,即用户只选择查询推荐列表中相对靠前的推荐查询,而那些排在后面的查询,即使满足用户的查询意图,用户也不去选择。这个现象跟传统信息检索中的位置偏见类似[50,51],为了解决传统信息检索中的这一问题,用户点击模型[52-57]被引入来衡量查询与检索结果的相关度。而在查询推荐中,相关的研究较少。Li 等[42]提出一种2-D(即水平和垂直)的查询相关度估计方法来克服由于排序位置而引入的查询推荐问题,他们的研究进一步解释了用户检索过程中点击推荐查询的现象,即用户通常在输入完某个查询字时进行查询词选择[58]。

　　本书在上述国内外研究的基础上,研究信息检索的排序方法以及查询推荐的排序方法,旨在帮助用户构建好的查询短语,进而获得满意的检索结果,实现信息的精准服务。

1.4　本书研究内容与组织结构

1.4.1　研究内容

　　本书以实现信息精准服务为目标,从信息检索排序和查询推荐排序两个方面,深入研究如何提高排序推荐模型准确率的策略,给出了有效的解决方法。具体而言,本书的主要研究内容包括以下几点。

1.4.1.1　提出了基于规则挖掘的信息检索排序模型

　　目前主要的信息检索排序方法并未考虑查询短语与文档构成的特征与用户相关反馈之间存在的同质性,即彼此之间的相似性或者规律性,导致查询与文档的相关度估计存在误差。为了解决这一问题,我们认为特征相似的查询文档的相关度也类似。在此基础上,本书提出基于规则挖掘的信息检索方法,即在机器学习算法基础上,通过提取训练样本的主要特征进行有效

17

聚类,并结合用户的相关反馈获取各个类中相关度判断的置信值,生成相似度判断规则模型,利用该模型来对测试样本进行相关度排序。实验表明,信息检索性能指标比其他排序算法有了显著提高,并且无需复杂的数据预处理工作和参数设定。

1.4.1.2 提出了基于逻辑回归的信息检索排序模型

在基于特征学习的信息检索排序模型中,查询和文档的关系常用一个高维空间内的特征向量来表示,而在该特征向量中,某些特征对判断查询与文档的相关度毫无关系,或者贡献不大。但是高维度的特征表示,将导致训练信息检索排序模型时计算复杂度增加,同时有可能降低排序模型的性能。此外,现有的研究并没有真正地从实际数据出发去验证特征之间的相互关系。为了解决上述问题,我们提出基于逻辑回归的信息检索排序模型,主要基于机器学习中的排序算法,侧重于文档的特征提取和低维表示,同时结合用户的相关反馈信息,即用户对训练数据集中查询与文档相关度的判断,在逻辑回归基础上生成判断查询与文档的相关度模型。

1.4.1.3 提出了基于用户行为分析的个性化信息检索排序模型

现有的个性化信息检索排序模型主要基于查询和文档的具体内容来估计两者的相关度,这种模型在查询和文档的具体内容无法获取的情况下将无法工作。为了解决上述问题,我们提出基于用户行为分析的个性化信息检索排序模型。在该模型中,我们同时考虑用户的长期行为和短期行为来预测用户的检索意图。同时,我们完全依赖于用户在点击文档的停留时间来估计查询与文档的相关度以及预测用户的关注点。最后在概率图模型基础上获得每个文档和查询的相关度概率大小,并依据该概率大小对文档进行排序。

1.4.1.4 提出了基于语义相似度和时效性频率的查询推荐排序模型

在信息检索排序方面研究了实现信息精准服务的手段后,我们研究查询推荐排序方法,旨在帮助用户构建好的查询,有利于用户获取相关的检索结果来解决用户的信息需求。现有的查询推荐排序模型主要基于查询频率来排序,这类方法虽能预测绝大部分用户的查询意图,使得查询推荐准确率较高,但该类方法忽略了查询词内部查询字之间的语义相似度。当用户构建一个查询词时,语义相似的查询字更容易被用户整合在一起构成一个查询词。另外,用户在使用信息检索系统进行信息检索时,经常在输入一个完整的查询字后,选择系统推荐的查询词,因此,查询字特别是查询词中的第一个查询字的频率可以反映当前信息检索用户普遍关注的问题,从而可以影响查询推荐的排序位置。综合以上因素,本书提出的基于语义相似度和时效性频率的查询推荐排序模型,将两者有效结合,准确预测用户的查询。

1.4.1.5 提出了基于贪婪算法的多样化查询推荐排序模型

现有的查询推荐方法旨在返回一组查询推荐供用户选择,使满足用户查询意图的查询推荐排在查询推荐列表的靠前位置。此类模型的主要目的在于将用户最有可能的查询词返回在用户查询推荐列表的靠前位置,从而便于用户选择、完成查询的构建。然而,信息检索系统能返回给用户的查询推荐列表中查询推荐候选词的个数有限,在返回给用户的查询推荐列表中,如果存在过多的冗余查询推荐,即不同的查询推荐表示相同或类似的查询意图,用户能在查询推荐列表中找到一个满意的查询推荐的可能性就会降低。因此,我们提出了基于贪婪算法的多样化查询推荐排序模型,即 GQS(greedy query selection)模型。我们的目的在于既将用户最可能提交的查询排在查询推荐列表的靠前位置,还将降低查询推荐排序列表的冗余度。我们根据用户在当前信息检索任务下提交的查询短语,预测用户下一个可能的查询。实验表明,本书算法可以推荐给用户相关度更高并且包含更多主题的查询短语。

18

1.4.2 组织结构

基于上述研究内容,本书的组织结构如图1.9所示,各章具体内容安排如下:

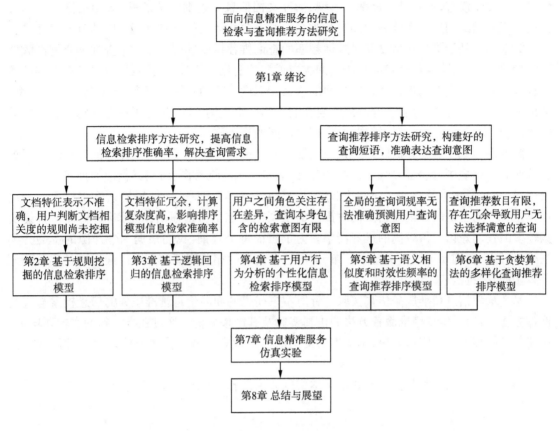

图1.9 本书组织结构图

第1章为绪论。首先介绍了本书的研究背景,其次提出了本书的研究问题及其研究意义,同时概述了本书相关的国内外研究现状,然后列出了本书的主要研究点,最后阐述了本书的组织结构,构成本书的主体框架。

第2章为基于规则挖掘的信息检索排序模型。首先对基于用户反馈的信息检索问题进行了详细的描述,结合机器学习的相关研究成果,提出了一种基于规则挖掘的信息检索排序方法。该方法利用训练集数据学习产生查询短语与文档的相似度判断规则模型,并利用该模型对测试数据查询与文档的相关度进行估计,给出相关文档的排序列表。实验结果显示,所提出的算法具有更高的信息检索性能,并无需复杂的数据预处理和参数调整工作,从而具有很好的实用性。

第3章为基于逻辑回归的信息检索排序模型。为了获取信息有效的特征表达,采用主成分分析,将信息的初始特征映射至一个低维特征空间。同时,挖掘文档信息与用户相关度反馈之间存在的固有关系。利用逻辑回归算法,生成查询与文档信息相关度判断模型,利用该模型,在测试阶段可以快速准确地计算查询与文档信息之间的相似度。在公开的实验数据集上,验证该方法的有效性,比传统方法的性能指标有了较大的提高。

第4章为基于用户行为分析的个性化信息检索排序模型。为了满足用户个性化的信息检索需求,研究了基于用户行为分析的信息检索排序方法,提出的方法采用用户浏览文档的消耗时间来估计文档与查询的相关度,同时利用贝叶斯矩阵分解克服了信息特征表示的系数问题。为了预测用户当前的查询意图,用户在当前检索环境下所有点击的文档被有效地整合在一起,生成用户关注模型,最后基于概率图模型,估计文档信息与查询相关的概率,相关概率大的文档被检索返回给用户。实验表明用户行为是一种有效估计文档与查询相关度的有价值信号。

第5章为基于语义相似度和时效性频率的查询推荐排序模型。分析了查询词查询次数随时间变化的关系,检测每个查询短语查询次数近期的变化趋势,用来预测用户提交该查询的概率;同时,分析了查询词内部查询字之间的语义相似度。将两者结合起来,基于马尔科夫模型,提出的算法在给定某个用户的前提下,当其输入第一个查询字时,估计用户提交每个查询短语的概率,并按照概率大小进行排序,给出用户可能的查询推荐。

第6章为基于贪婪算法的多样化查询推荐排序模型。通过搜集用户在当前检索环境下提交的所有查询短语,预测用户的查询意图。然后基于该查询意图,将与其相似的推荐查询返回给用户,并且考虑推荐查询之间的相似度,将相似的推荐查询移除,使得检索系统尽可能多地推荐包含不同主题的查询短语。同时提出的模型也考虑了查询短语的查询频率,使得查询次数较多的查询短语获得较高的推荐概率。为了表征每个查询,我们根据一个开源的主题分类框架,将每个查询表示成一个概率分布,即与各个主题的相关度概率分布。最后通过实验验证了算法的有效性。

第7章为信息精准服务仿真实验。针对本书研究的面向信息精准服务的信息检索与查询推荐方法,给出了信息精准服务方法的仿真实验及其结果分析。通过在半实物的实验环境上,构建信息精准服务的实验系统,基于本书提出的信息检索和查询推荐方法,进行仿真实验,验证信息精准服务方法的有效性和合理性。

第8章为总结与展望。全面总结了本书的研究工作,同时指出了未来可进一步展开的研究工作。

2 基于规则挖掘的信息检索排序模型

2.1 引言

随着信息总量的增加,军事信息系统日趋复杂,军事信息的检索面临不少挑战。庞大的数据量,使得用户提交查询后,获得准确满意检索结果的难度不断加大,为此如何设计信息检索模型至关重要,急需相应的理论和方法来研究。因此,学术界和信息检索系统等工业界对信息检索的排序算法进行了深入的研究[59-61]。在信息检索中,主要目的是实现一种排序算法,当用户提交一个查询,检索系统将文档库中的文档按照与查询的相似度进行排序,将相似度高的文档返回给用户作为检索结果。排序方法和模型的研究融合并发展了众多信息检索和机器学习领域的理论与方法,提出了多种面向应用的排序模型。

近些年,基于用户反馈的信息检索方法更是研究的重点[62-64],根据用户的反馈,可以比较准确地预测出用户的查询意图[65],从而检索系统给出相关的检索结果。本章根据用户的相关反馈,提出基于规则挖掘的信息检索排序模型。总的来说,在模型训练阶段,用户直接给出查询与检索结果的相关度作为反馈信息,我们提出的基于规则挖掘的信息检索模型根据这些用户的显式反馈信息生成查询与检索信息的相关度判断模型。下面将首先介绍信息检索排序的问题描述,然后详细介绍本章提出的模型。

2.2 问题描述与框架

信息检索过程中,检索系统根据用户查询将文档按照相似度大小进行排序,形成了一系列排序模型[66]。然而目前主要的信息检索方法并未考虑到查询短语与文档构成的特征与用户相关反馈之间存在的同质性,即彼此之间的相似性或者称规律性,导致查询与文档的相关度估计存在误差。为了解决这一问题,我们认为特征相似的查询文档对,其两者的相关度也类似。因此,本书结合用户相关反馈,提出基于规则挖掘的信息检索模型,即在机器学习算法基础上,通过提取训练样本的主要特征进行有效聚类,并结合用户的相关反馈获取各个类中相关度判断的置信值,生成相似度判断规则模型,应用该模型来对测试样本进行相关度排序。

首先,信息检索中的排序问题可用图 2.1 表述具体过程:

(1)用户提交一个初始查询 q 至检索系统, $q = \{w_1, w_2, \cdots, w_n\}$, q 由 n 个单词组成。

(2)系统中包含一个文档集 $D = \{d_1, d_2, \cdots, d_m\}$, D 由 m 个文档构成。系统根据文档与查询的相关度得分返回有序的部分检索结果,如 $d_1^* > d_2^* > \cdots > d_k^*$,由相关度大小给出文档的排序列表,文档排序位置越靠前,表示与查询越相关。文档的相关度排序直接反映了检索系统的质量。

(3)用户对系统给出的若干文档进行相关性判断,比如判断初始结果中文档 d_1^* 与查询相关,文档 d_2^* 与查询不相关。

（4）根据上述信息，系统执行查询扩展或者概率模型算法，构造一个新的潜在查询 $q' = \{w'_1, w'_2, \cdots, w'_t\}$ 。

（5）利用新构造的查询 q' ，系统再次检索，重新返回一个新的检索结果列表，若该结果列表在一定程度上更加接近用户的查询意图，即与初始查询 q 更相关。

（6）重复上述步骤（3）~（5），直至用户对结果满意，满足其信息需求为止。

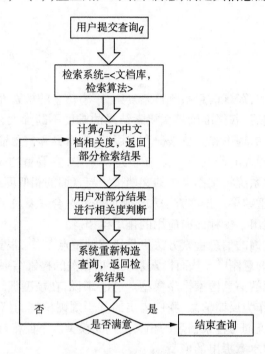

图 2.1　基于用户相关反馈的信息检索过程示例

根据上述基于用户反馈的信息检索过程，我们可以进一步将该过程用如下数学模型描述：给出查询 q 和数据集 D ，包含若干个文档 d ，可以构建一个三元组 $[q,d,r]$ ，其中 r 表示查询 q 与文档 d 之间的相关度，通常为一个整数，$r \in \{0,1,2,3,4\}$ （值越大表示查询与文档越相关，即 0 表示不相关，4 表示高度相关），d 可以由一个特征向量表示，即 $d = (f_1, f_2, \cdots, f_m)$ ，这些特征描述了查询词与文档之间的关系，比如查询词在文档中出现的频率 TF，文档长度 $|d|$ ，等等。通过训练集数据，生成查询与文档相关度的判断模型 Ψ 。在测试阶段，给出测试数据集 T ，即 q 和 d 已知，但两者相关度 r 未知，利用训练阶段产生的判断模型 Ψ ，估计各个文档和查询的相关度，由该估计值大小给出最终的文档排序。

基于上述用户反馈的信息检索问题描述以及信息检索系统的主体框架，生成查询与文档相似度判断模型 Ψ 是保障信息检索性能的关键。因此，本书通过在大量训练数据集上训练，挖掘判断规则，生成查询与文档的相似度判断模型 Ψ ，利用该模型对测试查询的检索结果进行排序，并与传统信息检索排序方法进行比较，验证本书提出模型的有效性。下面将详细介绍本章提出的基于用户相关反馈和规则挖掘的信息检索模型。

2.3 基于规则挖掘的信息检索排序模型

本章提出的结合用户反馈信息的基于规则挖掘的信息排序模型,是在文档的低维度空间进行聚类分析,当给定一个查询时,挖掘文档特征与最终查询文档相关度之间的内在规则,利用该规则计算测试阶段查询与文档的相关度。

2.3.1 基于核主成分分析的文档特征低维表示

首先,本书基于如下假设条件:用户的相关反馈,即对查询与文档的相关度判断总是正确的。在此基础上,结合机器学习相关研究,提出基于用户相关反馈的信息检索排序算法。本书算法在查询和文档的特征层次上对文档进行聚类分析,采用核主成分分析(kernel principal component analysis,KPCA)对文档特征进行降维,减少了计算复杂度,同时保留了重要特征信息,便于提高聚类效果,再结合用户相关反馈信息,将文档聚入不同的类中,然后统计各个类中对文档相关度水平判断的一个可信值,即文档相关度处在不同水平的一个概率值,对各个类生成一个判断相关度的规则模型,即概率

$$p(r_i \mid c_j) = score_{ij} = \frac{|d(r_i)|}{|c_j|} \tag{2.1}$$

其中,$|c_j|$ 表示类 c_j 中文档的数目,r_i 表示相关度,比如 $r_i \in \{0,1,2,3,4\}$,$|d(r_i)|$ 表示类中相关度为 r_i 的文档数目。为了降低计算复杂度,同时减少文档特征之间的相互依赖性对聚类效果的影响,本书对初始的文档特征进行降维,利用传统的核主成分分析方法。

核主成分分析是揭示大样本、多变量数据或样本之间内在关系的一种方法,旨在利用降维的思想,把多维度特征转化成少数信息量丰富的综合特征空间,降低观测数据空间的维数,以获取最主要的信息。在统计学中,核主成分分析是一种简化数据集的技术,是一个线性变换。这个变换把数据变换到一个新的坐标空间中,使得任何数据投影的第一大方差在第一个坐标空间(称为第一主成分)上,第二大方差在第二个坐标空间(第二主成分)上,依次类推。核主成分分析可以减少数据集的维数,同时保持数据集中对方差贡献最大的特征。它借助于一个正交变换,将其分量相关的原随机向量转化成其分量不相关的新随机向量,这在代数上表现为将原随机向量的协方差阵变换成对角形阵,在几何上表现为将原坐标系变换成新的正交坐标系,使之指向样本点散布最开的 p 个正交方向,然后对多维变量系统进行降维处理,使之能以一个较高的精度转换成低维变量空间。

文档低维特征表示有不少的方法,van der Maaten 等[67]给出了一个较为详细的综述,我们采用核主成分分析来获取文档的低维特征表示,主要是因为:

(1)KPCA 方法可以处理复杂的非线性数据,而在实际的现实数据中,非线性数据较为常见。

(2)KPCA 的计算复杂度不会随着原始数据特征空间维度的增加而增加。

(3)KPCA 提取的特征主要成分之间彼此不相关,并且能最大化地保持原有数据的信息量。

(4)KPCA 方法的抗噪效果较好,特别适用于在噪声多的数据集上提取特征,能使得提取的低维特征更精确地表达原始数据。

KPCA 本质是采用核函数将原始数据映射至低维空间,再在低维空间上实施传统的主成分分析方法实现数据降维。其中,代表性的核函数包括线性核函数

$$k(d_i, d_j) = d_i \cdot d_j \qquad (2.2)$$

以及高斯核函数

$$k(d_i, d_j) = \exp\left(-\frac{\parallel d_i - d_j \parallel^2}{\sigma^2}\right) \qquad (2.3)$$

其中，d_i 和 d_j 是原始输入数据，σ 是样本方差。下面我们将给出本章采用的 KPCA 方法实现文档特征降维的主要步骤。

假设训练集中有 M 个数据样本，表示为 $\boldsymbol{D} = (d_1, d_2, \cdots, d_M)^t$，$\forall d_i \in \mathbf{R}^N, i = 1, \cdots, M$，即每个样本 d_i 采用一个特征空间 N 维特征向量表示，即

$$\begin{cases} \boldsymbol{\Phi}: \mathbf{R}^N \to \mathscr{F} \\ d \mapsto \xi = \boldsymbol{\Phi}(d) \end{cases} \qquad (2.4)$$

通过一个映射函数 $\boldsymbol{\Phi}(\ )$ 将原始数据映射至特征空间 $\boldsymbol{F}$ 内。然后在特征空间 $\boldsymbol{F}$ 内，采用 KPCA 方法实现数据的降维。这样保证有价值的原始信息得以保留。

KPCA 方法通过变换 $s_x = \boldsymbol{U}^T \boldsymbol{\Phi}(d)$ 将输入数据 $\boldsymbol{\Phi}(d)$ 转化成一个新的特征向量 s_x，其中矩阵 $\boldsymbol{U}$ 是一个正交矩阵，矩阵 $\boldsymbol{U}$ 中的每一列 U_i 是协方差矩阵 $\boldsymbol{C}$ 的特征矩阵：

$$\boldsymbol{C} = \frac{1}{M} \sum_{\mu=1}^{M} \boldsymbol{\Phi}(d_\mu) \, \boldsymbol{\Phi}(d_\mu)^T \qquad (2.5)$$

我们可以通过求解特征方程

$$\boldsymbol{C} \boldsymbol{v} = \lambda \boldsymbol{v} \qquad (2.6)$$

并保留特征值 $\lambda > 0$ 来获取主要的特征成分，其中 λ 和 $\boldsymbol{v}$ 是特征值和对应的特征向量。根据公式，我们两侧左乘 $\boldsymbol{\Phi}(d_v)$，于是得到

$$\boldsymbol{\Phi}(d_v) \cdot \boldsymbol{C} \boldsymbol{v} = \lambda [\boldsymbol{\Phi}(d_v) \cdot \boldsymbol{v}], v = 1, 2, \cdots, M \qquad (2.7)$$

研究发现[68]，每个特征向量能够用 $\boldsymbol{\Phi}(d_1), \boldsymbol{\Phi}(d_2), \cdots, \boldsymbol{\Phi}(d_M)$ 的线性组合来表示，即

$$\boldsymbol{v} = \sum_{i=1}^{M} \alpha_i \boldsymbol{\Phi}(d_i), \alpha_i \in \mathbf{R} \qquad (2.8)$$

其中，α_i 是线性组合因子。于是公式(2.7)可以转化为

$$\frac{1}{M} \sum_{\mu=1}^{M} \alpha_\mu \left\{ \sum_{w=1}^{M} [\boldsymbol{\Phi}(d_v) \cdot \boldsymbol{\Phi}(d_w) \, \boldsymbol{\Phi}(d_w)^T \boldsymbol{\Phi}(d_\mu)] \right\} = \lambda \sum_{\mu=1}^{M} \alpha_\mu [\boldsymbol{\Phi}(d_v) \cdot \boldsymbol{\Phi}(d_\mu)] \qquad (2.9)$$

在此基础上，我们定义对称核函数 $\boldsymbol{K} \in \mathbf{R}^{M \times M}$ 如公式(2.10)所示：

$$\boldsymbol{K} = \begin{bmatrix} k(d_1, d_1) & \cdots & k(d_1, d_M) \\ \vdots & \ddots & \vdots \\ k(d_M, d_1) & \cdots & k(d_M, d_M) \end{bmatrix} \qquad (2.10)$$

其中，核函数中每个元素 $K_{\mu v} = \boldsymbol{\Phi}(d_\mu) \cdot \boldsymbol{\Phi}(d_v) = k(d_\mu, d_v)$，$\boldsymbol{\Phi}(d_\mu) \cdot \boldsymbol{\Phi}(d_v)$ 表示向量内积。

因此，公式(2.10)可以被简化为

$$M\lambda \boldsymbol{K} \boldsymbol{\alpha} = \boldsymbol{K}^2 \boldsymbol{\alpha} \qquad (2.11)$$

其中，$\boldsymbol{\alpha} = (\alpha_1, \cdots, \alpha_M)^t$。在公式(2.11)两侧同时左乘 $\boldsymbol{K}^{-1}$，我们可以得到

$$M\lambda \boldsymbol{\alpha} = \boldsymbol{K} \boldsymbol{\alpha} \qquad (2.12)$$

至此我们可以对特征矩阵 $\boldsymbol{K}$ 而非协方差矩阵 $\boldsymbol{C}$ 求解特征值，并对特征值进行排序，来获得特征值 $\lambda'_1 > \lambda'_2 > \cdots > \lambda'_n > 0$，其对应的特征向量是 $v'_1, v'_2, \cdots, v'_n$。对特征向量 $v'_1, v'_2, \cdots, v'_n$ 采用 Schmidt 正交化，我们可以得到归一化了的特征向量 $\gamma_1, \gamma_2, \cdots, \gamma_n$。为了确定数据中的主要成分，即前 t 个成分，我们可以根据设定的贡献率 p 来确定，即

$$\underset{t}{\operatorname{argmax}} \frac{\sum_{i=1}^{t} \lambda'_i}{\sum_{j=1}^{n} \lambda'_j} \geqslant p \tag{2.13}$$

根据贡献率 p 算得的 t 值,来确定原始数据的主要成分 $\gamma_1, \gamma_2, \cdots, \gamma_t$,再通过核函数 $K_{M \times M}$ 来计算原始数据的低维表示 $Y_{M \times t}$,即

$$Y_{M \times t} = K_{M \times M} \cdot \gamma_{M \times t} \tag{2.14}$$

但是,在 KPCA 算法过程中,通常会遇到数据 $\Phi(d_\mu)$ $(\mu = 1, \cdots, M)$ 非中心化,即

$$\sum_{\mu=1}^{M} \Phi(d_\mu) \neq 0 \tag{2.15}$$

这会导致有价值信息的丢失,于是可以通过

$$\Phi(d_\mu) \leftarrow \Phi(d_\mu) - \frac{1}{M} \sum_{v=1}^{M} \Phi(d_v) , \mu = 1, \cdots, M \tag{2.16}$$

先将数据做中心化处理,这样核函数 $K_{M \times M}$ 将变为

$$KL_{\mu v} \leftarrow KL_{\mu v} - \frac{1}{M} \left(\sum_{w=1}^{M} K_{\mu w} + \sum_{w=1}^{M} K_{wv} \right) + \frac{1}{M^2} \sum_{w,t=1}^{M} K_{wt} \tag{2.17}$$

至此,采用 KPCA 方法获取文档有价值信息的具体步骤已经完成。算法 2.1 给出了 KPCA 的实现步骤。

算法 2.1　采用 KPCA 方法实现文档的降维

输入:训练样本 $D = (d_1, d_2, \cdots, d_M)^t, \forall d_i \in \mathbf{R}^N, i = 1, \cdots, M$,贡献率 p,高斯核函数 $k(d, d_i) = \exp\left(-\frac{\| d - d_i \|^2}{\sigma^2} \right)$。

输出:数据低维表示 Y.

1. 载入原始数据样本 $D \leftarrow \begin{bmatrix} d_{11} & \cdots & d_{1N} \\ \vdots & \ddots & \vdots \\ d_{M1} & \cdots & d_{MN} \end{bmatrix}$;

2. 计算核矩阵 $K \leftarrow \begin{bmatrix} k(d_1, d_1) & \cdots & k(d_1, d_M) \\ \vdots & \ddots & \vdots \\ k(d_M, d_1) & \cdots & k(d_M, d_M) \end{bmatrix}$;

3. 修改核矩阵 KL:$KL_{\mu v} \leftarrow KL_{\mu v} - \frac{1}{M} \left(\sum_{w=1}^{M} K_{\mu w} + \sum_{w=1}^{M} K_{wv} \right) + \frac{1}{M^2} \sum_{w,t=1}^{M} K_{wt}$;

4. 提取正特征值 $\lambda_1, \cdots, \lambda_n$ of KL 和特征向量 $v_1, \cdots, v_n$;

5. 对特征值排序 $\lambda'_1 > \cdots > \lambda'_n > 0$ 得到对应特征向量 $v'_1, \cdots, v'_n$;

6. 通过对向量 $v'_1, \cdots, v'_n$ 采用 Schmidt 正交化得到归一化的向量 $\gamma_1, \cdots, \gamma_n$;

7. 根据贡献率提取 t 个主成分 $\operatorname{argmax}_t \frac{\sum_{i=1}^{t} \lambda'_i}{\sum_{j=1}^{n} \lambda'_j} \geqslant p$;

8. $Y_{M \times t} = KL_{M \times M} \cdot \gamma_{M \times t}$,其中 $\gamma = (\gamma_1, \cdots, \gamma_t)$;

9. 返回 $Y_{M \times t}$。

2.3.2 文档相似度的规则挖掘

经过上述降维处理后,每个文档由一个 p 维向量表示,且 $p << m$,m 为原始特征维数,虽然这 p 个特征没有特殊的物理意义,比如词频等,但是却保留了文档的主要信息,并且这 p 个特征之间彼此独立,减少了信息冗余。在获得了文档的低维度特征表示之后,我们可以采用一个经典的聚类算法,比如 K 均值或者模糊 C 均值等,将文档聚入不同的类,然后统计每个类中各个相关度判断的可信度,如式 (2.1) 所示。其具体算法过程如算法 2.2 所示。在算法 2.2 中,r_0 表示相关度为 0,$d(r_0)$ 表示相关度为 0 的文档个数,$|cluster_i|$ 表示类 $cluster_i$ 中文档的总数。因此,通过训练过程,我们可以得到一个相关度判断的模型:k 个类,每个类都有自己判断各个相关度的可信值,即概率。

算法 2.2　基于规则挖掘的信息检索排序方法训练过程

输入:查询文档的原始特征矩阵 $D_{m \times n}$,对应的每个查询文档相关度 r,$r \in \{0,1,2,3,4\}$,降维后的文档特征维数 p,聚类的数目 k。

输出:每个类各自相关度的判断模型,即各个相关度的可信值。

1. 载入原始特征矩阵 $D_{m \times n}$,m 表示文档数目,n 表示原始特征维度;

2. 采用 KPCA 进行特征降维,生成降维后的特征矩阵 $D_{m \times p}$;

3. 采用聚类算法 FCM 对文档进行聚类;

4. **for** $i = 1,2,\cdots,k$ **do**

5. $p(r_0 \mid cluster_i) = \dfrac{|d(r_0)|}{|cluster_i|}$;

6. $p(r_1 \mid cluster_i) = \dfrac{|d(r_1)|}{|cluster_i|}$;

7. $p(r_2 \mid cluster_i) = \dfrac{|d(r_2)|}{|cluster_i|}$;

8. $p(r_3 \mid cluster_i) = \dfrac{|d(r_3)|}{|cluster_i|}$;

9. $p(r_4 \mid cluster_i) = \dfrac{|d(r_4)|}{|cluster_i|}$;

10. **end for**

11. 返回各个类中每个相关度判断的可信值。

在测试阶段,通过计算测试文本,比如 d,到各个类中心的距离,选取离样本最近的若干个类(或者全部),文档到某个类 $cluster$ 的距离可以通过公式 (2.18) 获得:

$$\mathrm{dis}(d,cluster) = \mathrm{dis}\left(d, \frac{1}{|cluster|} \sum_{d_i \in cluster} d_i\right) \tag{2.18}$$

其中,各个文档都用低维度的特征向量来表示,$|cluster|$ 表示类中文档数目,$\mathrm{dis}(d_i,d_j)$ 计算的是两个文档的欧式距离。在选取若干个类(或者全部)之后,计算每个类判断文档的相关度得分:

$$score_{cluster_i} = \sum_{r_j} r_j \times p(r_j \mid cluster_i) \tag{2.19}$$

26

利用这些类中判断相关度的可信值得分计算文档最终相关度得分,如式(2.20)所示:

$$\text{RankingScore}(d) = \sum_{cluster_i} w_i \times score_{cluster_i} \quad (2.20)$$

其中,w_i 为反映某个类对排序总得分的权重,依赖于文档到类的距离:

$$w_i = \frac{1}{Z} \times \frac{\sum_{cluster_j} \text{dis}(d, cluster_j) - \text{dis}(d, cluster_i)}{\sum_{cluster_j} \text{dis}(d, cluster_j)} \quad (2.21)$$

其中,Z 是一个归一化因子,使得所有类的权重值和为 1。因此最后,在测试阶段,给定一个测试查询 q,计算文档的得分 $\text{RankingScore}(d)$,根据得分大小给出位置靠前的部分文档,其测试阶段具体算法详见算法 2.3。其中类的数目可以适当减少,可以通过选取距离相近的若干个类,而非全部,其他排序计算过程完全相同。基于规则挖掘的信息检索排序方法主要步骤已在算法 2.2 和算法 2.3 中详细描述,下面我们将通过在实际数据集上的实验结果比较来验证本书模型的有效性。

算法 2.3　基于规则挖掘的信息检索排序方法测试过程

输入:给定查询,一组文档原始特征向量 $\boldsymbol{T}_{t\times n}$,包含 t 个文档,聚类数目 k。

输出:对 t 个文档进行排序了的列表。

1. 载入文档原始特征矩阵 $\boldsymbol{T}_{t\times n}$,$t$ 表示文档数目,n 表示原始特征维度;

2. 采用 KPCA 进行特征降维,生成降维后的文档特征矩阵 $\boldsymbol{T}_{t\times p}$;

3. **for** $i = 1, 2, \cdots, t$ **do**

4. 　　**for** $j = 1, 2, \cdots, k$ **do**

5. 　　　　计算每个文档 d_i 到类 $cluster_j$ 的距离 $\text{dis}(d_i, cluster_j)$;

6. 　　　　$score_{cluster_j} = \sum_{r_s} r_s \times p(r_s \mid cluster_j)$;

7. 　　　　$w_i = \frac{1}{Z} \times \frac{\sum_{cluster_j} \text{dis}(d_i, cluster_j) - \text{dis}(d_i, cluster_i)}{\sum_{cluster_j} \text{dis}(d_i, cluster_j)}$;

8. 　　**end for**

9. 　　$\text{RankingScore}(d_i) = \sum_{cluster_i} w_i \times score_{cluster_i}$;

10. **end for**

11. 根据每个文档的相关度得分 $\text{RankingScore}(d_i)$ 对 t 个文档进行排序;

12. 返回位置靠前的若干文档。

2.4 实验结果与分析

2.4.1 实验数据

亚洲微软研究院为研究信息检索排序算法的学者们提供了免费的公用测试集 LETOR (learning to rank)[69],其包含三个测试子集:OHSUMED、TD2003、TD2004。在这个公开的数据集中,文档的特征以及文档与查询的相关度已经给出,并同时给出了部分实验比较方法(base-lines)的结果。

OHSUMED 是 MEDLINE 的一个子集,而 MEDLINE 是一个关于医学出版物的数据文档库。这个数据集包含了 348 566 条记录,这些记录取自 270 个医学类的期刊,这些文档发表于 1987—1991 年。这些文档信息包括题目、摘要、索引词项、作者、信息源以及出版物类型等。同时在这个数据集中包含了 106 个查询,对于每个查询有几十或几百的文档与之关联,并给出相关度,便于训练和测试性能评估。这些查询都是关于医学类的信息需求,有些关于查询病人信息或者关于查询某个主题信息。至于文档和查询的相关度判断都是由人为标记完成,分为三个层次:高度相关(2),部分相关(1)和不相关(0)。最终,OHSUMED 数据集包含了 16 140 个查询-文档对以及对应的每个文档对的相关度标记。对于每个查询-文档对,OHSUMED 采用一个 45 维的向量来表示。

一个查询 q 由一次词项构成,即 $\{q_1,q_2,\cdots,q_m\}$,文档为 d,其长度为 $|d|$,$c(q_i,d)$ 表示词项 q_i 在文档 d 中出现的次数,C 为文档集,$|C|$ 为文档集中文档个数,$df(q_i)$ 为文档集中包含词项 q_i 的文档个数,另外

$$BM25(q,d) = \sum_{i:f(q_i,d)>0} idf(q_i) \cdot \frac{f(q_i,d) \cdot (k_1+1)}{f(q_i,d)+k_1 \cdot \left(1-b+b \cdot \dfrac{|d|}{avgdl}\right)}$$
$$\cdot \frac{(k_3+1)f(q_i,q)}{k_3+f(q_i,q)} \tag{2.22}$$

以及

$$idf(q_i) = \log \frac{|C|-df(q_i)+0.5}{df(q_i)+0.5} \tag{2.23}$$

还有 $f(q_i,d)$ 表示词项 q_i 在文档中出现的次数,$avgdl$ 是文档集中文档长度的平均值,相应参数选择为 $b=0.75$,$k_1=1.2$ 和 $k_3=7$。至于基于语言模型的特征,采用文献[70]中方法进行提取,对于提取特征时的参数设置为 $\delta=0.5$;基于 LMIR 的特征参数为 $\mu=50h$ 和 $\lambda=0.5$。至此每个查询-文档特征都有一个对应的 45 维向量来表征,便于提出模型进行降维和聚类。

2.4.2 评价指标

首先,我们使用平均准确度均值(mean average precision,MAP)来衡量信息检索排序性能,MAP 具有较高的区别性和稳定性。计算方法如下:

$$MAP(Q) = \frac{1}{|Q|} \sum_{j=1}^{|Q|} \frac{precision(R_{jk})}{m_j} \tag{2.24}$$

其中,$|Q|$ 为所有查询的数目;$\dfrac{precision(R_{jk})}{m_j}$ 为对于某个查询,每个相关文档的理论位置与测试排序所得位置的比。

其次,据 Prospect Blended Search Results Study 2008 年 4 月的统计结果,如表 2.1 所示,越来越多网络用户只会浏览信息检索系统返回的排序靠前的数个网页。比如,2008 年 68% 的用户只点击前两页的结果,排名靠后的文档尤其是那些排在第四页之后的文档只得到了 8% 的点击。这也与信息检索系统性能提高有关系,因为早期信息检索系统可能无法得到很好的检索结果,用户点击靠后文档概率相对较大,比如 2002 年的 19%,但到了 2008 年只有 8%。因此,需要在较少检索返回结果中计算准确率来衡量排序算法性能,为此本书还采用 Precision@k 对算法进行评估,如下:

$$\text{Precision@}k = \frac{\#reldoc_k}{k} \tag{2.25}$$

其中,k 表示统计结果中前 k 个文档,$\#reldoc_k$ 表示在这 k 个文档中相关的文档数目。该指标的优点在于无需计算相关文档集合的所有数目。

表 2.1　近些年网络用户点击检索返回结果位置分布统计

年份	2008	2006	2004	2002
only a few	27%	23%	24%	16%
the first page	41%	39%	36%	32%
the first 2 pages	17%	19%	20%	32%
the first 3 pages	7%	9%	8%	10%
more than 3 pages	8%	10%	12%	19%

2.4.3　实验分析

本书实现了基于规则挖掘的信息检索排序模型构建,实验中聚类个数设置为 5,主要为了便于将算法移植至其他测试数据集,因为某些测试数据集相关度水平有 5 层:0~4,从不相关至完全相关;有些数据集的相关度水平只有三层:0~2,分别表示不相关、相关和完全相关。但是使用该算法时只需设置类的数目 $k > 3$ 即可。实验中将数据测试集分为 5 部分:S1~S5,分别用其中三部分数据作为训练,一部分数据作为测试样本。实验数据划分情况详见表 2.2。

表 2.2　实验数据划分情况

实验	训练数据集	验证数据集	测试数据集
实验 1	S1,S2,S3	S4	S5
实验 2	S2,S3,S4	S5	S1
实验 3	S3,S4,S5	S1	S2
实验 4	S4,S5,S1	S2	S3
实验 5	S5,S1,S2	S3	S4

表 2.3 给出了采用 MAP 指标对本书算法与其他排序算法的实验结果。其他排序算法包括:RankingSVM,RankBoost,FRank,ListNet,AdaRank$_{MAP}$,AdaRank$_{NDCG}$ 和 MHR。表 2.3 和表 2.4 中的粗字体表示本次实验中最佳方法的实验结果。从表 2.3 可以看出,以 MAP 为衡量指标,FRank 模型在实验 2 和实验 5 中取得了最佳效果,分别为 0.460 和 0.462,比本书方法在相应实验中的结果(0.443 和 0.459)有略微提高。在其他实验中,即在实验 1、3 和 4 中,本书方

法均取得了最优的实验结果。综合 5 个实验的 MAP 平均值,本书方法取得了最高的 MAP 值,为 0.451,比目前最佳的方法 ListNet 的 0.449 略有提高,提高了 0.45%。但跟其他方法比,例如 Rank Boost 和 MHR 两个方法,本书方法有较大幅度的提高,达到了 2.50%。MAP 值越高,说明了本书方法能够把相关度越高的结果返回给用户,且排在返回结果的靠前位置。

表 2.3　在 OHSUMED 实验数据集上各种算法的 MAP 性能指标

方法	实验 1	实验 2	实验 3	实验 4	实验 5	平均值	提高百分比
RankingSVM	0.333	0.451	0.459	0.511	0.479	0.446	+1.12%
RankBoost	0.339	0.446	0.445	0.505	0.463	0.440	+2.50%
FRank	0.344	**0.460**	0.448	0.541	**0.462**	0.446	+1.12%
ListNet	0.345	0.449	0.466	0.517	0.468	0.449	+0.45%
AdaRank$_{MAP}$	0.341	0.448	0.457	0.507	0.454	0.441	+2.27%
AdaRank$_{NDCG}$	0.348	0.449	0.457	0.509	0.447	0.442	+2.04%
MHR	0.329	0.442	0.456	0.501	0.470	0.440	+2.50%
本书方法	**0.358**	0.443	**0.474**	**0.543**	0.459	**0.451**	——

此外,本章采用指标 Precision@k 对各种排序算法进行性能评估,如表 2.4 所示。Precision@k 反映的是检索算法在检索结果的前 k 个位置能返回多少与查询相关的文档。由表 2.4 可知,本书方法能总体上返回更多相关的查询结果。比如,采用指标 Precision@10,总的来说,本书方法的 Precision@10 值为 0.524,表明能在 10 个检索结果中平均返回多于 5 个相关的结果;如果只衡量列表前两个结果,本书方法的 Precision@2 值为 0.637,表明能平均返回至少一个相关结果。跟其他方法相比,Precision@k 值的增长幅度相比于 MAP 指标的增长幅度更为明显。比如采用指标 Precision@10,本书方法比 FRank 方法提高幅度有 8.04%,比 ListNet 提高幅度也有 2.95%,这比表 2.3 中 MAP 提高幅度更大。同时从表 2.4 中,我们发现无论采用哪个 Precision@k 指标,本章提出的模型性能都优于其他比较方法,这进一步表明了提出模型的有效性,即不仅能将更相关的检索结果返回在位置靠前的检索结果中,同时能使得检索结果列表包含尽可能多的相关文档。

表 2.4　在 OHSUMED 实验数据集上各种算法的 Precision@k($k \in \{1,2,3,4,5,10\}$)平均值性能指标

方法	Precision@1	Precision@2	Precision@3	Precision@4	Precision@5	Precision@10
RankingSVM	0.633	0.619	0.592	0.578	0.576	0.507
提高百分比	+6.16%	+2.91%	+5.24%	+3.98%	+0.00%	+3.35%
RankBoost	0.604	0.595	0.586	0.562	0.544	0.495
提高百分比	+11.2%	+7.06%	+6.31%	+6.94%	+5.88%	+5.86%
FRank	0.670	0.618	0.617	0.581	0.559	0.485
提高百分比	+0.30%	+3.07%	+0.97%	+3.44%	+3.04%	+8.04%
ListNet	0.642	0.628	0.602	0.576	0.574	0.509
提高百分比	+4.87%	+1.43%	+3.49%	+4.34%	+0.35%	+2.95%

续表

方法	Precision@1	Precision@2	Precision@3	Precision@4	Precision@5	Precision@10
AdaRank$_{MAP}$	0.661	0.604	0.583	0.567	0.537	0.490
提高百分比	+1.66%	+5.46%	+6.86%	+6.00%	+7.26%	+6.94%
AdaRank$_{NDCG}$	0.633	0.604	0.570	0.562	0.533	0.490
提高百分比	+6.16%	+5.46%	+9.30%	+6.94%	+8.07%	+6.94%
MHR	0.652	0.614	0.611	0.590	0.565	0.502
提高百分比	+3.07%	+3.75%	+1.96%	+1.86%	+1.95%	+4.38%
本书方法	**0.672**	**0.637**	**0.623**	**0.601**	**0.576**	**0.524**

2.5 本章小结

本章描述了信息检索排序问题,在此基础上利用用户反馈信息,挖掘出查询与文档信息相关的判断规则,构建信息检索排序模型,通过实验证明,该模型能将与查询相关度高的文档信息返回在检索结果的靠前位置,同时该模型能使得结果列表尽可能多地包含相关的文档,进而满足用户信息检索需求。本章提出的基于规则挖掘的信息检索排序模型在公开数据集上取得了满意的检索效果,未来我们可以将该模型移植到当今的军事信息系统的构建中,实现军事信息的精准服务。我们可以挖掘文档的特征与用户的满意度之间的关系,生成信息检索的排序模型,当用户进行信息检索时,提交类似查询后,将之前模型训练阶段中用户满意度高的信息检索结果返回给当前用户,从而提高信息检索的准确率。

3　基于逻辑回归的信息检索排序模型

3.1　引言

传统的信息检索系统在用户提交一个查询之后,返回给用户一组检索结果,这样一个检索过程就已结束。然而为了提高信息检索系统的检索准确率,尽可能地满足用户的检索需求,如今的信息检索模型得到了改进,即将用户的查询和用户认为相关的检索结果都保存起来,提取相应的特征来改进排序算法。通过用户对查询返回结果做出的相关度判断,系统可以根据这些用户相关反馈改进信息检索策略,为后续查询提高检索准确率。这主要有利于系统改进算法,当后续用户提交类似或者相同查询时,将更能满足用户需求或者说更能获取用户关注的结果返回给用户。

本章利用用户对提交查询检索结果的相关度反馈,提出基于逻辑回归的信息检索排序模型。具体而言,首先提取每个文档信息的初始特征,其次为了降低计算复杂度,将初始特征映射至低维空间获取文档信息有价值的特征,然后结合用户给出的查询与文档的相关度反馈,在逻辑回归模型基础上,训练生成查询与文档信息的相关度判断模型。最后在大量的数据集上展开实验,比较各种信息检索排序方法,验证本书方法的有效性。

3.2　问题描述与框架

在基于特征学习的信息检索排序模型中,查询和文档的关系常用一个高维空间内的特征向量来表示,而在该特征向量中,某些特征对判断查询与文档的相关度毫无关系,或者贡献不大。但是高维度的特征表示,将导致训练信息检索排序模型时计算复杂度增加,同时有可能降低排序模型的性能。此外,现有的研究并未真正地从实际数据出发,去验证特征之间的相互关系。为了解决上述问题,在本章中,我们提出基于逻辑回归的信息检索排序模型。该模型主要基于机器学习中的排序算法,侧重于文档的特征提取和低维表示,同时结合用户的相关反馈信息,即用户对训练数据集中查询与文档相关度的判断,生成判断查询与文档的相关度模型。接下来我们详细描述此类问题,并给出此类基于学习算法的信息检索排序模型的主体框架。

在一个基于排序学习的信息检索框架内,数据集(训练集)中每个条目通常由一个三元组构成,即 $[q,d,r]$,其中,q 表示查询短语,d 表示文档库中某个文档,r 表示查询 q 与文档 d 的相关度。q 通常由一组查询字构成 $\{t_1,t_2,\cdots,t_n\}$,而文档 d 通常由一组特征构成 $\{f_1,f_2,\cdots,f_n\}$,每个特征 f 描述了文档 d 与查询 q 的一个内在关系。比如,q 在 d 中出现的频率,也称 TF(term frequency)、逆文档频率 IDF(inverse document frequency)、文档长度 DL(document length)等。相关度 r 的值可以取自 $\{0,1,2,3,4\}$,0 表示不相关,4 表示非常相关。相关度 r 的值由用户直接给出。然后利用机器学习算法,基于文档的特征和用户的相关度反馈,生成相关度的判断模型。

在测试阶段,测试数据集与训练数据集略有不同,每个条目只由一个二元组构成,即 $< q, d >$,根据训练数据集产生的判断模型和文档的特征计算查询 q 与文档 d 的相关度得分,依据该得分对文档进行排序,返回给用户一组排序了的检索结果。根据以上基于排序学习的信息检索问题描述,我们在图 3.1 中给出了基于排序学习的信息检索框架具体过程。对于每一个查询,都有若干个文档待排序。每个文档都以固定的特征来表示,这些特征用于计算查询与文档的相关度得分。在图 3.1 这个框架中,文档的特征表示可以在训练阶段完成,并以一个固定化的表格存储格式来存储文档与查询的特征以及相关度等,这些信息将在测试阶段被直接使用,从而提高信息检索测试阶段的计算效率。

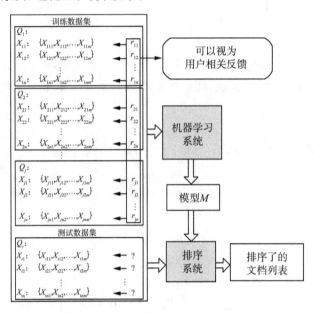

图 3.1　基于排序学习的信息检索框架

3.3　基于逻辑回归的信息检索排序模型

在描述了基于排序学习的信息检索问题与框架后,本节介绍基于逻辑回归的信息检索排序模型,包括训练模型的产生和测试阶段的计算步骤。首先我们在 3.3.1 节中介绍文档的低维特征表示方法,然后在 3.3.2 节中介绍结合用户反馈的逻辑回归判断模型。

3.3.1　基于主成分分析的文档特征低维表示

在图 3.1 所示的框架内,本书提出基于虚拟特征和用户的相关反馈,结合逻辑回归的方法来估计查询与待检索文档的相关度。我们利用主成分分析(principal component analysis,PCA)[79] 方法提取文档初始特征中有价值的信息作为虚拟特征,主成分分析相比于其他特征降维方法具有如下特征:没有复杂的参数调准工序,是一种无参化的数据降维方法;能保证原始数据的主要特征不被削弱,尽可能地保留初始特征信息。

主成分分析主要基于特征空间内基向量的线性组合思想。本节以图 3.1 为例介绍基于相关反馈和逻辑回归的信息检索排序算法的主要步骤。假设 X 是原始的数据信息,其中含有 N 个文档条目,每个文档条目由一个 M 维的特征向量表示,构成了一个个文档和查询对,于是 X

即为一个 $M \times N$ 的矩阵,如公式(3.1)所示。矩阵 X 中每一列表示一个文档向量,每一行表示一个固定的特征维度,每个元素 x_{ij} 表示第 j 个文档的第 i 个特征。

$$X_{M \times N} = \begin{bmatrix} x_{11} & x_{12} & \cdots & x_{1N} \\ x_{21} & x_{22} & \cdots & x_{2N} \\ \vdots & \vdots & \ddots & \vdots \\ x_{M1} & x_{M2} & \cdots & x_{MN} \end{bmatrix} \tag{3.1}$$

以 LETOR 4.0 数据集中的一组样本为例,数据矩阵 X 构造成如公式(3.2)所示,包含 6 个文档,每个文档由一个 46 维的特征向量构成。

$$X_{46 \times 6} = \begin{bmatrix} 0.033305 & 0.105892 & \cdots & 0.095062 \\ 1.000000 & 0.100000 & \cdots & 0.750000 \\ \vdots & \vdots & \ddots & \vdots \\ 0.000000 & 0.000000 & \cdots & 0.000000 \end{bmatrix}_{46 \times 6} \tag{3.2}$$

研究表明[80],存在一个线性变换,能够把矩阵映射至一个低维空间的矩阵,如公式(3.3)所示:

$$\begin{aligned} P_{M \times M} X_{M \times N} &= \begin{bmatrix} p_1 \\ \vdots \\ p_M \end{bmatrix}_{M \times M} [x_1, \cdots, x_N]_{M \times N} \\ &= \begin{bmatrix} p_1 \cdot x_1 & \cdots & p_1 \cdot x_N \\ \vdots & \ddots & \vdots \\ p_M \cdot x_1 & \cdots & p_M \cdot x_N \end{bmatrix}_{M \times N} \\ &= [y_1, \cdots, y_N]_{M \times N} \\ &= Y_{M \times N} \end{aligned} \tag{3.3}$$

其中,线性变换矩阵 $P = [p_1, \cdots, p_M]^T$,x_i 是矩阵 X 的第 i 列,y_j 是矩阵 Y 的第 j 列。矩阵 P 的每一行 p_i 是对称矩阵 XX^T 的特征向量,并且满足公式(3.4)的约束条件。

$$\begin{cases} p'_i p_i = 1, \\ p'_i p_j = 0 (i \neq j) \end{cases} \tag{3.4}$$

在公式(3.3)和公式(3.4)的基础上,我们可以得到公式(3.5):

$$\begin{aligned} \mathrm{Cov}(y_i, y_j) &= \mathrm{Cov}(p'_i X, p'_j X) \\ &= p'_i \sum p_j \\ &= p'_i \lambda_j p_j \\ &= \lambda_j p'_i p_j \\ &= 0 (i \neq j) \end{aligned} \tag{3.5}$$

其中,Cov 是计算两个输入向量的协方差,$\sum$ 是一个对角矩阵,对角线上的元素为矩阵 XX^T 的每个特征值 λ。由公式(3.5)可知,低维空间内的信息特征向量之间相互独立,同时 $\sum$ 矩阵的每个元素是按照特征值大小排序的,信息量主要与位置靠前的若干特征值相关。因此我们可以选择矩阵 Y 的位置靠前的 $m \ll M$ 行,构成矩阵 $Y_{principal}$,即 m 个主要成分,来表征文档矩阵的初始信息,达到降低信息维度的目的,同时尽可能地保留初始文档信息特征矩阵中的有价值特征。因此,初始的数据矩阵 $X_{M \times N}$ 能被 $Y_{principal}$ 所代替,$Y_{principal}$ 是一个 $m \times N$ 的矩阵。研究表明,这种特征降维方法简单可靠。由于新提取出的 m 个特征并不具有像初始信息特征包含现实意义,我们称之为虚拟特征。至于虚拟特征个数的选择,研究表明,原始数据的95%的信息量将包含在其前两个主成分中,而99%的信息量将包含在其前三个主成分中,因此在本书实验中,我们设定 $m = 3$。同时,在我们的实验中,当我们设定 $m = 4$ 时,我们发现提出模型的性能基本保持不变,这也意味着初始信息矩阵的第四个主成分包含的信息极其有限,对信息检索排序模型没有重要贡献。此外,为了可视化信息特征之间的关系,三维显示更有利于观察。因此最后我们设定 $m = 3$。

3.3.2 结合用户反馈的逻辑回归判断模型

在使用主成分分析提取数据文档信息的虚拟特征之后,我们结合用户给出的查询与文档的相关度判断,采用多元变量逻辑回归模型训练生成相关度判断模型。在主成分分析之后,每个文档信息能用一个 m 维的特征向量来表示,我们记每个文档为:

$$d = Z = (z_1, z_2, \cdots, z_m) \tag{3.6}$$

其中, z_i 表示某个虚拟特征。因此,基于这些虚拟特征,我们判断文档相关度,即计算一个条件概率:

$$P(R \neq 0 \mid Z) = P(R \neq 0 \mid z_1, z_2, \cdots, z_m) = \pi(Z) \tag{3.7}$$

即查询与文档相关的概率,其中 R 表示用户的给定查询与文档的相关度($R \neq 0$ 表示文档与查询相关)。在多元变量逻辑回归模型基础上,我们建立相关度得分的计算准则,如公式(3.8)所示:

$$f(Z) = w_0 + w_1 * z_1 + w_2 * z_2 + \cdots + w_m * z_m \tag{3.8}$$

其中, w_i 是每个虚拟特征对计算相关度得分的权重, w_0 是一个常数。为了获取公式中的各个参数值,我们构建逻辑回归模型,如公式(3.9)所示:

$$\pi(Z) = \frac{e^{f(Z)}}{1 + e^{f(Z)}} \tag{3.9}$$

其中, $0 \leqslant \pi(Z) \leqslant 1$。但是由于无法获得 $\pi(Z)$ 的直接表达式来进行逻辑回归,因此我们采用公式(3.10)来间接表达 $\pi(Z)$:

$$\frac{1 - \pi(Z)}{\pi(Z)} = \frac{1 - P(R \neq 0 \mid Z)}{P(R \neq 0 \mid Z)} = k \tag{3.10}$$

其中, $0 < k < \infty$ 。然后我们可以进一步得到:

$$\begin{aligned}
\ln \frac{1 - \pi(Z)}{\pi(Z)} &= \ln \frac{1 - \dfrac{e^{f(Z)}}{1 + e^{f(Z)}}}{\dfrac{e^{f(Z)}}{1 + e^{f(Z)}}} \\
&= \ln \frac{1}{e^{f(Z)}} \\
&= -f(Z)
\end{aligned} \tag{3.11}$$

逻辑回归的输入采用 $\ln \dfrac{1 - \pi(Z)}{\pi(Z)}$ 可以解决计算 $f(Z)$ 的问题,然后再计算 $\pi(Z)$ 来表示每个文档一个与查询的相关度得分。基于虚拟特征的逻辑回归算法的具体步骤在算法3.1中给出。

算法 3.1 基于虚拟特征的逻辑回归算法训练模型

输入:(1)初始查询文档;

      (2)用户的相关度反馈向量 R,特征矩阵 X;

      (3)文档低维特征表示维数 $m = 3$。

输出:相关度判断模型 $model = \{w_1, w_2, w_3\}$。

1. 载入原始数据 $X_{M \times N}$ with N examples and M features;

2. $normalized\_X_{M \times N} \leftarrow$ Normalize$'$ Function ($X_{M \times N}$); //归一化矩阵 X

3. $VirtualFeature\_X_{m \times N} = (x_1, x_2, \cdots, x_N) \leftarrow$ PCA Function($normalized\_X_{M \times N}, m$);

4. Load feedback vector $R_{N \times 1}$;

5. $relpercentage = \dfrac{\#(relevant\ documents)}{N}$; // 获取相关文档的百分比

6. **for** each $R(i)$, $i = 1, 2, \cdots, N$ **do**

7.   **if** ($R(i) == 0$) **then**

8. $R0(i) = R(i) * 0.5 * relpercentage$; //将相关文档和不相关文档的比例设置成相同

9.   **else**

10. $R0(i) = R(i) * (1 - 0.5 * relpercentage)$;

11.   **end if**

12. $feedbackR(i) = \ln((1 - R0(i))/R0(i))$; // 构造逻辑回归的输入向量

13. **end for**

14. $model \leftarrow Regression\ Function\ (feedbackR, VirtualFeature\_X_{m \times N})$;

15. 返回 $model$。

为了进一步了解提出的信息检索排序模型,我们通过一个实例来介绍整个算法过程。给定一个文档矩阵数据 $X_{5 \times 3}$,如公式(3.12)所示:

$$X = \begin{bmatrix} x_{11} & x_{12} & x_{13} \\ x_{21} & x_{22} & x_{23} \\ x_{31} & x_{32} & x_{33} \\ x_{41} & x_{42} & x_{43} \\ x_{51} & x_{52} & x_{53} \end{bmatrix} \qquad (3.12)$$

在该实例中,表示有 3 个文档信息,每个文档由一个 5 维的特征向量来表示,然后归一化矩阵的每一列,使得每一列的长度为 1。对归一化后的矩阵进行主成分分析,得到用虚拟特征表示的数据矩阵,如算法 3.1 中的第 4~14 行。最后,基于逻辑回归模型[81],输入虚拟特征矩阵和用户相关反馈获得排序模型 $model = \{w_0, w_1, w_2, w_3\}$。在算法的测试阶段,首先对输入待排序文档数据矩阵做如算法 3.1 中第 1~3 行一样的操作,然后根据公式和训练得到的模型 $model = \{w_0, w_1, w_2, w_3\}$ 给出测试阶段的详细步骤。算法 3.2 中第 6 行计算每个文档信息的相关度得分,根据算法 3.2 中第 10~12 行计算相应的信息检索排序指标来衡量算法的有效性。

输入:(1)查询与文档的特征矩阵 T;

　　　(2)训练产生的模型 $model$;

　　　(3)特征维数 $m = 3$;

　　　(4)查询与文档的真实相关度 $Ture\_R$。

输出:Ranking performance measures,e.g.MAP,Precision@ k and NDCG@ k。

1. Loading T;

2. $normalized\_T \leftarrow$ Normalize Function(T);　//归一化矩阵 T

3. $VirtualFeature\_T = (t_1, t_2, \cdots, t_n) \leftarrow PCA\ Function($normalized$\_T, m)$;// n 个测试样本

4. **for** each individual query **do**

5.　Compute the relevance score of related document using learned;

6.　score (d_i) $= w_0 + t_{i1} * w_1 + t_{i2} * w_2 + t_{i3} * w_3$;

7.　 $VirtualFeature\_T$ 中的第 i 行第 j 列元素;

8.　Output a ranked list of documents in descending order by their scores;

9. **end for**

10.//性能评估阶段

11. Loading $Ture\_R$;

12. Compute mean average precision(MAP);

13. Compute Precision@ k and NDCG@ k(while $k = 1, 2, \cdots, 10$)。

3.4　实验结果与分析

3.4.1　实验数据

　　本书采用的实验数据集来自微软亚洲研究院 2009 年 7 月公开的 LETOR 数据集[69]。LE-TOR 数据集包含了标准的文档信息特征,用户对信息检索结果的相关度反馈,数据的分割处理,衡量的指标工具和若干用户比较的方法及其结果。LETOR 数据集采用 Gov2 文档集(约 2500 万个文件)以及来自 TREC 2007 和 TREC 2008 的查询集合。在后续实验中我们简称这两个对应的数据集为 MQ2007 和 MQ2008,它们分别选择了 1700 个查询短语和 800 个查询短语。数据集中文档与查询的相关度分为三个等级,即 2,1,和 0,分别表示非常相关,相关和不相关。表 3.1 给出了 MQ2007 数据集中的一个实例,表中给出了一个 ID 为 15 的查询短语与 ID 为 GX009-26-3264567 的文档之间的相关度为 2,即非常相关。此外表 3.1 给出了这个文档对应的特征向量,即该文档用一个 46 维的特征向量来表示,依次为{0.9979, 0.0000, 0.0000}。最后 LETOR 还提供了若干比较方法的结果,其中包括:RankingSVM[72,73],RankBoost[74],List-Net[76],AdaRank$_{MAP}$[77]以及 AdaRank$_{NDCG}$[77]。LETOR 中 MQ2007 和 MQ2008 数据集都平均分为五个部分:S1,S2,S3,S4 和 S5,如表 3.2 所示,我们采用不同的数据子集作为训练数据集,验证数据集和测试数据集。

　　训练数据集用来学习训练生成信息检索排序模型,验证数据集用来获得最优的参数设置,测试数据集用来测试提出的性能指标。

表 3.1 MQ2007 数据集中的一个实例

2	qid:15	1:0.9979	2:0.0000	46:0.0000	#docid=GX009-26-3264567

表 3.2 LETOR 数据集数据分割情况

数据子集	训练数据集	验证数据集	测试数据集
Fold1	(S1,S2,S3)	S4	S5
Fold2	(S2,S3,S4)	S5	S1
Fold3	(S3,S4,S5)	S1	S2
Fold4	(S4,S5,S1)	S2	S3
Fold5	(S5,S1,S2)	S3	S4

3.4.2 评价指标

与第 2 章类似,我们使用平均准确度均值(MAP)对算法进行评估。由于 MQ2007 和 MQ2008 数据集包含了不同层次的相关度标记,即 2,1,和 0,因此我们另外采用了 NDCG(normalized discounted cumulative gain)指标来衡量信息检索排序性能,其可以用来衡量多层次相关度的信息检索性能。计算公式如下所示。

$$\text{NDCG@}k = Z_k \sum_{j=1}^{k} \begin{cases} 2^{r(j)} - 1, & j = 1, \\ \dfrac{2^{r(j)} - 1}{\log_2(j)}, & j > 1 \end{cases} \tag{3.13}$$

其中,k 表示返回结果的前 k 个结果,$r(j)$ 表示返回结果中第 j 个文档的相关度,Z_k 是一个归一化的参数,使得 NDCG 值在 $[0,1]$ 之中。

3.4.3 实验分析

本节我们首先在数据集上验证算法提出的条件是否成立,即验证虚拟特征与文档的相关度得分之间是否存在线性相关关系;其次详细给出了算法的实验结果与分析。

3.4.3.1 假设验证

在衡量各个算法信息检索排序性能之前,我们首先在数据集上验证算法提出假设的合理性,即主成分分析处理后提取的虚拟特征与文档的相关度得分之间存在线性关系。

我们根据公式(3.14)计算虚拟特征之间的相关系数:

$$R(i,j) = \frac{C(i,j)}{\sqrt{C(i,i)\,C(j,j)}} \tag{3.14}$$

其中,$C(i,j)$ 是虚拟特征的协方差矩阵,根据公式(3.15)计算而得:

$$C(i,j) = E\big[(vfx_i - \mu_i)(vfx_j - \mu_j)\big] \tag{3.15}$$

其中,vfx_i 是根据算法 3.1 计算而得的虚拟特征向量 $VirtualFeature\_X_{m \times N}$ 的第 i 列,$E(\ )$ 是求期望的操作符,$\mu_i = E(vfx_i)$。根据公式(3.15),我们可以计算数据集 MQ2007 中虚拟特征的协方差矩阵为:

$$C = 10^{-4} \begin{bmatrix} 0.2372 & 0.0000 & 0.0000 \\ 1.0000 & 0.0000 & 0.0000 \\ 0.0000 & 0.0000 & 0.2372 \end{bmatrix} \tag{3.16}$$

根据公式(3.14),可以得到虚拟特征的相关系数 $R(i,j)$ 的值也接近于 0。表明在

MQ2007 数据集上,通过主成分分析得到的虚拟特征之间是相互独立的。相同的结论在 MQ2008 数据集上也可以达到,证明虚拟特征之间确实相互独立。

为了获取虚拟特征与相关度之间的关系,我们在 3D 空间(两个虚拟特征维度和一个相关度得分维度)分别观察任意两个虚拟特征与相关度的关系,图 3.2、图 3.3 和图 3.4 给出了在数据集 MQ2007 上的假设检验结果,图 3.5、图 3.6 和图 3.7 给出了在数据集 MQ2008 上的假设检验结果。

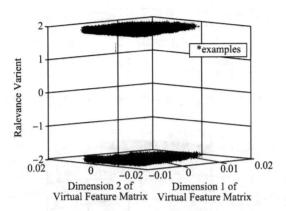

图 3.2　在数据集 MQ2007 上,第一维和第二维虚拟特征与相关度关系

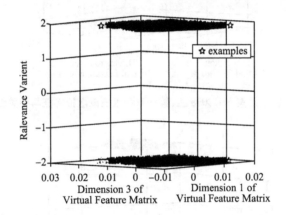

图 3.3　在数据集 MQ2007 上,第一维和第三维虚拟特征与相关度关系

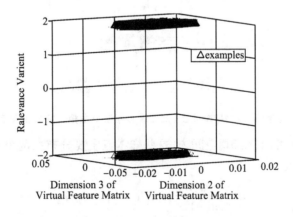

图 3.4　在数据集 MQ2007 上,第二维和第三维虚拟特征与相关度关系

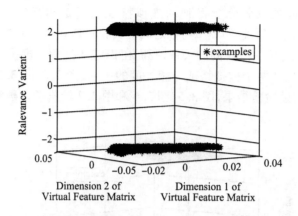

图 3.5　在数据集 MQ2008 上，第一维和第二维虚拟特征与相关度关系

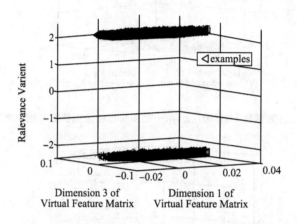

图 3.6　在数据集 MQ2008 上，第一维和第三维虚拟特征与相关度关系

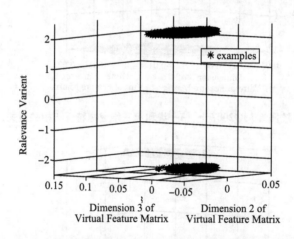

图 3.7　在数据集 MQ2008 上，第二维和第三维虚拟特征与相关度关系

由图 3.2 至图 3.7 可知，在 3D 空间内，这些样本点主要分布在两个不同的平面内。就单个平面而言，我们可以得到：

$$\ln \frac{1 - \pi(Z)}{\pi(Z)} = a_{11}x_1 + a_{12}x_2 + \varepsilon_1$$

$$= a_{21}x_1 + a_{22}x_3 + \varepsilon_2$$
$$= a_{31}x_2 + a_{32}x_3 + \varepsilon_3 \tag{3.17}$$

其中，x_i 是一个虚拟特征，参数 a_{ij} 和 ε_i 是常量。根据公式(3.17)，我们可以得到：

$$\begin{cases} \ln \dfrac{1 - \pi(Z)}{\pi(Z)} = c_1 x_1 + c_2 x_2 + c_3 x_3 + \varepsilon, \\[2mm] c_1 = \dfrac{1}{3}(a_{11} + a_{21}), \\[2mm] c_2 = \dfrac{1}{3}(a_{12} + a_{31}), \\[2mm] c_3 = \dfrac{1}{3}(a_{22} + a_{32}), \\[2mm] \varepsilon = \dfrac{1}{3}(\varepsilon_1 + \varepsilon_2 + \varepsilon_3) \end{cases} \tag{3.18}$$

这意味着在数据集 MQ2007 和 MQ2008 上，虚拟特征和相关度之间确实存在着线性关系，从而验证了本书算法假设的合理性。

3.4.3.2 实验结果分析

在本节中，我们首先分析基于逻辑回归的信息检索排序模型(VFLR 模型)的信息检索排序质量，即通过训练数据集获得文档与查询之间相关度估计的判断模型，计算相关度得分，进而进行排序。表 3.3 和表 3.4 分别给出了各种模型在数据集 MQ2007 和 MQ2008 上的 MAP 值。

表 3.3　各个算法在 MQ2007 数据集上 MAP 值

方法	实验 1	实验 2	实验 3	实验 4	实验 5	平均值
RankingSVM	0.489 4	0.457 3	0.467 6	0.440 1	0.468 0	0.464 5
RankBoost	0.489 1	0.464 7	0.469 4	0.438 4	0.469 2	0.466 2
ListNet	0.488 4	0.456 5	0.464 2	0.445 2	0.471 6	0.465 2
AdaRank$_{MAP}$	0.481 7	0.451 0	0.457 9	0.436 3	0.461 8	0.457 7
AdaRank$_{NDCG}$	0.485 8	0.450 9	0.457 9	0.436 1	0.470 5	0.460 2
VFLR	0.516 9	0.511 3	0.508 2	0.487 0	0.514 0	0.507 5

表 3.4　各个算法在 MQ2008 数据集上 MAP 值

方法	实验 1	实验 2	实验 3	实验 4	实验 5	平均值
RankingSVM	0.450 2	0.421 3	0.452 9	0.528 4	0.495 0	0.469 6
RankBoost	0.466 6	0.438 0	0.447 2	0.534 2	0.501 6	0.477 5
ListNet	0.488 4	0.456 5	0.464 2	0.445 2	0.471 6	0.465 2
AdaRank$_{MAP}$	0.462 7	0.423 2	0.458 2	0.518 0	0.519 8	0.476 4
AdaRank$_{NDCG}$	0.463 8	0.435 3	0.456 0	0.536 6	0.520 1	0.482 4
VFLR	0.547 4	0.517 0	0.533 4	0.575 7	0.567 8	0.548 3

由表 3.3 可知,在数据集 MQ2007 上,本书提出的 VFLR 模型在 MQ2007 数据集的每个子集上,相比于其他方法都取得了最佳的实验效果。此外我们发现,其他各个算法在数据集上的实验性能比较接近。同时综合所有实验结果,本书提出算法的平均 MAP 值也是所有算法中最高的。相比于其他算法,比如 AdaRank$_{MAP}$的平均 MAP 值是其他比较算法中最低的(0. 457 7)以及 RankBoost 的平均 MAP 值是其他比较算法中最高的(0. 466 2),本书提出 VFLR 算法的 MAP 值具有较为明显的提高。比如,相比于 RankingSVM,RankBoost,ListNet,AdaRank$_{MAP}$和 AdaRank$_{NDCG}$分别有 9. 26%,8. 86%,9. 09%,10. 88% 和 10. 28% 的提高。这说明相比于其他比较算法,本书提出的 VFLR 算法能够将与查询相关的检索结果排在检索结果列表的靠前位置,从而提高信息检索排序质量。

在数据集 MQ2008 上,我们取得了类似的实验结果。在 MQ2008 数据集上,在各个比较算法中,AdaRank$_{NDCG}$取得了最佳的平均实验效果(0. 482 4),但在部分实验中,ListNet 取得了最佳的实验效果。比如,在实验 1,2 和 3 中,ListNet 在比较算法中效果最佳(分别为 0. 488 4,0. 456 5 和 0. 464 2)。而本书提出的 VFLR 模型在各个实验中都取得了最佳的实验效果,比各个比较算法都有较大的提高,同时实验的平均 MAP 值也是各个算法中最高的。相比于 RankingSVM,RankBoost,ListNet,AdaRank$_{MAP}$和 AdaRank$_{NDCG}$,本书提出的 VFLR 模型获得的 MAP 平均值分别有 16. 76%,14. 83%,17. 86%,15. 09% 和 13. 66% 的提高。我们发现,相比于在数据集 MQ2007 取得的实验效果,本书提出算法在数据集 MQ2008 上比其他算法的实验结果的提高幅度更大,都超过了 10% 甚至接近 18%。主要原因在于,在数据集 MQ2008 中,对于很多查询,相关文档和不相关文档的数目比较接近,这有利于逻辑回归模型生成有效的相关度判断模型,因此本书算法取得了较好的实验结果。

除了采用 MAP 来衡量各个算法的实验效果之外,我们也采用 Precision@k 和 NDCG@k 指标对各个算法结果进行了评估。图 3.8 和图 3.9 给出了各个方法的比较结果(彩图请扫二维码),图中给出的 Precision@k 和 NDCG@k 值是各个方法在上述五个实验中取得结果的平均值。由图 3.8 可知,在数据集 MQ2007 上,各个算法取得实验结果比较接近,尤其是采用 Precision@k 指标来衡量。本书提出的 VFLR 算法能够在绝大部分实验中优于其他比较方法。比如采用 Precision@4 和 Precision@5,VFLR 方法相比于其他算法能取得较大的提高;但是,采用 Precision@2,VFLR 方法比 RankBoost 方法有微小的降低,除此之外,VFLR 方法与其他算法相比均取得了较高的 Precision@k 值。总的来说,从图 3.8(a)和图 3.8(b)可知,采用 Precision@k 值来衡量实验性能,VFLR 相比于其他算法有了从 0. 06% 到 9. 88% 的提高,同时,当采用 NDCG@k 值来衡量实验性能时,VFLR 相比于其他算法有了从 0. 05% 到 8. 64% 的提高。

从图 3.9(a)和图 3.9(b)可知,在数据集 MQ2008 上,采用 Precision 和 NDCG 指标衡量实验性能,本书提出的 VFLR 算法能在多数情况下,两个指标值比其他算法有较大幅度的提高。但是我们发现采用 NDCG@1,VFLR 比 AdaRank$_{NDCG}$效果略差。采用 Precision 指标,VFLR 算法比其他各个比较算法有近 1. 43% 到 20. 54% 的提高。而采用 NDCG 指标衡量,VFLR 算法比其他各个比较算法有近 8. 82% 到 87. 94% 的提高。VFLR 算法采用 NDCG 指标衡量,相比于其他各个比较算法,取得的提高更加明显。原因在于:①NDCG 指标采用多层次的相关度判断来衡量,更容易区分各个算法的优劣,同时也表明,本书提出的 VFLR 算法不仅能将更多的相关检索结果返回,而且能将相关度高的检索结果返回在检索结果列表的靠前位置,来提高检索质量;②Precision 指标衡量的是二元的相关度,即检索结果相关或者不相关,这种评价指标不能

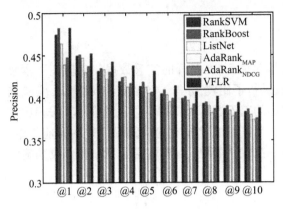
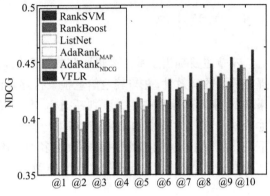

(a) MQ2007 数据集上, Precision@k 指标值　　　　(b) MQ2007 数据集上, NDCG@k 指标值

图 3.8　在数据集 MQ2007 上, 各个算法性能评估

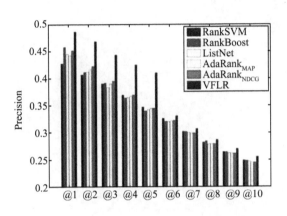
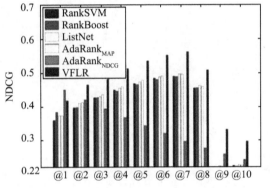

(a) MQ2008 数据集上, Precision@k 指标值　　　　(b) MQ2008 数据集上, NDCG@k 指标值

图 3.9　在数据集 MQ2008 上, 各个算法性能评估

很好地区分检索算法, 导致本书算法的优势相比于其他各个检索算法不是很明显。

从上述的实验结果分析可知, 在数据集 MQ2007 和 MQ2008 上, 采用 MAP, Precision 和 NDCG 指标, VFLR 算法相比于其他算法都取得了较大的提高, 尤其在数据集 MQ2008 上。这些提高主要归结于以下原因: ①两个数据集都包含了很多基本的文档特征来描述检索文档, 比如文档频率(TF), 逆文档频率(IDF)和 BM25, 这些特征能准确地体现文档的性质, 同时数据集中包含了一些文档结构化的特征, 比如 PageRank 值, 文档的出度、入度等, 这些特征能衡量出文档自身的重要性, 能提供有价值的文档信息, 便于检索排序; ②数据集中不同相关层次的样本数目比较接近, 这有利于提高基于逻辑回归的相关度估计模型的准确率。进一步的工作可以在以下几个方面展开: ①用户其他一些反馈信息, 比如阅读文档的时间、用户检索习惯等, 可以被利用来提取有价值的特征, 提高检索准确率; ②用户的长期行为可以用于预测用户的关注, 从而提高信息检索排序质量; ③其他一些机器学习算法、统计学分析方法可以被用来挖掘数据中潜在的规则, 提高估计判断信息检索准确性。

3.5　本章小结

　　本章主要提出了基于逻辑回归的信息检索排序模型,在公开的实验数据集上验证了本章提出算法的有效性,并与其他信息检索排序算法进行了比较,分析了各个算法的优劣。实验结果表明,采用多层次的相关度判断指标,本章提出的基于逻辑回归的信息检索排序算法相比其他算法具有较大幅度的提高,能够将与查询相关度高的文档排在检索结果列表的靠前位置。下一步研究工作将主要集中于提取更多关于用户反馈的特征,结合机器学习算法形成准确的文档相关度估计模型,提高信息检索准确率。

4 基于用户行为分析的个性化信息检索排序模型

4.1 引言

随着信息检索系统能记录每个用户的查询以及浏览检索结果的记录等信息,个性化的信息检索模型得到了快速的发展。在这些个性化信息检索排序模型中,用户的行为信息可以被用来预测用户的长期关注[28,83]。当用户再次输入查询,进行信息检索时,与用户长期关注点相关的结果将被优先返回给用户,这提高了信息检索的准确率,满足了用户的检索需求,进而提高了用户使用信息检索系统的满意度。这种通过挖掘用户的历史查询、行为等信息,来提高信息检索排序质量的方法是个性化信息检索排序方法中常用的一种手段[84,85]。通常用户的行为信息,包括用户长期一段时间内的查询检索历史记录、点击文档的记录和用户当前信息检索任务下的先前历史查询记录或者点击文档记录等。这些用户查询检索记录可以用来提高用户获取相关文档的可能性[86,87]。

传统的个性化信息检索方法主要基于用户查询和点击文档的具体内容,来建立用户的关注模型。本章我们完全依赖于用户的行为信息,比如用户提交查询的次数、用户点击文档的次数、用户浏览文档的时间等[51,88],来实现个性化的信息检索排序。具体而言,我们利用用户点击文档的记录和用户浏览文档的时间,估计文档与查询的相似度,以及估计用户对该文档的关注程度,利用这些信息对信息检索系统返回的初始检索结果进行再排序,从而将更满足用户查询需求的检索结果返回在检索结果列表的靠前位置,来提高信息检索准确率。

为了实现该目的,我们提出了基于用户行为分析的个性化信息检索排序模型。首先,我们研究了用户的关注分布和查询短语的主题分布对信息检索结果文档重排序的影响。其次,我们在两个层次上估计待排序文档与查询的相关度,即查询词组层次和查询字层次,其中采用查询字层次上估计文档与查询的相关度可以适当缓解数据的稀疏问题。最后,我们对所有用户的查询进行了测试,包括在训练集中出现和未出现的用户。在算法的具体实现过程中,我们使用用户在文档上的停留时间,即浏览时间来估计文档与查询的相似度,并通过贝叶斯概率矩阵分解来产生文档在所有查询上的相关度分布。我们的实验结果表明:①对于个性化的信息检索排序而言,用户的行为能被用来预测用户的关注点,从而提高信息检索排序的准确率;②给定一个用户的查询短语,有效地综合该用户的行为信息和一组相似用户的行为信息来生成信息检索模型,能够进一步提高信息检索的排序质量。

4.2 问题描述与框架

在现有的个性化信息检索排序模型中,用户的长期行为记录或者在当前信息检索任务下的短期行为记录被用来预测用户的检索意图,提高信息检索准确率,但是两者没有被同时考虑,这使得当用户的当前查询意图与其长期的关注存在差异时,排序模型的检索性能相对较低。同时,已有的信息检索排序模型主要基于查询和文档的具体内容来估计两者的相关度,这种模型在查询和文档的具体内容无法获取的情况下,将无法工作。基于上述两个出发点,本章提出基于用户行为分析的个性化信息检索排序模型。在该模型中,我们同时考虑用户的长期行为和短期行为来预测用户的检索意图。同时,我们完全依赖于用户在点击文档的停留时间来估计查询与文档的相关度以及预测用户的关注点。

我们先描述一下本章待研究的问题,即信息检索中文档的再排序问题(document re-ranking,DRR)。假设,在一个信息检索过程中,以下信息已经给定:

(1)用户 u 在一个信息检索任务下提交 T 个查询 $\{q_1,q_2,\cdots,q_T\}$,每个查询 q_i 由一组查询字构成,即 $q_i=(w_{i1},w_{i2},\cdots,w_{im})$,$i=1,2,\cdots,T$。

(2)针对这个查询任务下的最后一个查询 q_T,信息检索系统返回一组初始信息检索结果列表,包含 N 个文档,即 $(d_{T1},d_{T2},\cdots,d_{TN})$,这 N 个文档将被各种算法进行重排序。

因此,个性化信息检索文档重排序任务(DRR)的目的是,针对每个查询 q,挖掘给定用户 u 的关注,对与 q 相关的信息检索系统返回的 N 个文档进行重新排序,从而将用户关注的和与查询相关的文档排在检索结果列表的靠前位置,提高信息检索准确率。

表4.1 给出了本章提出模型中使用的部分重要符号。在信息检索文档重排序任务(DRR)中,给定用户 u、查询 q 以及待排序的文档 d(或者网页)之间的关系,我们可以简单地采用图4.1所示的概率图模型来表示,即用户 u 提交了一个查询 q,信息检索系统对于这个用户提交的查询返回 N 个文档 d 作为检索结果。我们的目的是重新排序这 N 个文档。由于在文档重新排序之前,变量 u 和 q 已知,因此排序文档的依据可以用概率 $P(d|q,u)$ 来表示,即给定一个用户 u,提交一个查询 q,判断文档 d 与查询 q 的相关度,并根据此相关度对文档进行排序。因此,DRR 任务的目的就是针对每个查询,计算对应每个文档的相关度,该相关度可以用模型估计得到的文档与查询相关的概率来表示,即 $P(d|q,u)$。

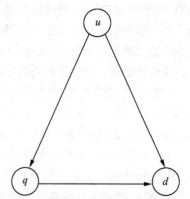

图4.1 采用概率图模型来表征用户 u,查询 q 和文档 d 之间的关系

表4.1 个性化信息检索排序模型中涉及的主要符号标记

符号标记	描述
λ	一个权衡参数,用来控制在文档重排序过程中,用户关注和文档相关度对文档重排序的贡献。
ω	一个权衡参数,用来控制用户长期行为和短期行为对用户关注的建模。
T	一个信息检索任务下,用户提交查询的数目。
w	查询短语中的查询字。
q	一个查询短语,由一组查询字构成,即 $\{w_1,w_2,\cdots,w_m\}$。
u	一个用户。
N	针对某个查询,需要重新排序的文档的个数。
D	针对某个查询,一组待重新排序的文档,即 $\{d_1,d_2,\cdots,d_N\}$。
d	集合 D 中的某个文档。
k_f	贝叶斯概率矩阵分解中,主题特征的个数。

4.3 相关工作分析

4.3.1 基于用户短期行为分析的信息检索方法

当前的信息检索系统,不仅需要根据用户提交的查询信息来返回检索结果,更需要挖掘用户的个人关注来返回更精确的信息检索结果,而用户的个人关注可以通过用户在当前信息检索任务下的短期行为分析来建模,这能极大地提高信息检索的性能[25]。

用户的短期行为可以来自用户的提交查询、点击文档行为以及阅读点击文档的时间等,这些信息能准确地反映出用户当前的检索意图。Liu 等[23]提出了采用 Weibull 分布模型来对用户在点击的文档上的阅读时间建模,这种方法对分析用户的隐式反馈信息来实现信息检索的个性化有很大帮助。同时,在该模型中,用户在点击文档上的阅读时间可以被准确地预测,这主要基于一些文档的底层特征来判断,这将使得当用户的长期查询记录信息无法获取时,用户的个性化信息检索方法仍然能够发挥作用。此外,当用户阅读文档的时间能被准确估计时,文档与查询的相关度也能随之被预测。Collins 等[27]已经证实,用户阅读层次的行为特征对个性化信息检索中查询与文档的相关度判断具有很大帮助。这些工作为后续基于用户行为分析的个性化信息检索方法提供了有力支撑。

关于其他基于用户点击行为的信息检索方法,Bilenko 和 White[89]提出了一种启发式算法,通过整合大量用户的查询以及点击行为,来识别当前用户的查询意图和个人关注,从而返回相关的检索结果。Jiang 等[28]提出了一种个性化信息检索的最优化方法,该方法根据不同用户的点击文档记录,识别用户在概念(concept)层次的个人关注,根据每个用户独一无二的关注模型,来返回一个最优的信息检索结果列表。Shen 等[26]根据统计语言模型,提出了一系列基于用户信息的检索算法,在提出的模型中,他们根据用户在当前信息检索任务下,之前的查询和点击的文档以及当前的提交查询来精确识别用户的真正信息需求。在该模型基础上,Xiang 等[43]采用一种排序模型框架,将用户的个人信息整合成有用的特征,最终生成基于用户短期行为的个性化排序模型。另外,用户在当前信息检索任务下对相关文档的点击行为,能够被用来自动化地标记查询与文档之间的相关度及其可信程度[90],这些标记能够反过来训练用户排序模型。上述基于用户点击行为的个性化信息检索排序方法与本章提出的信息检索方法主要不同之处在于,我们提出的方法基于用户的行为来生成判断查询与文档相关的概率模型,而非基于机器学习算法生成判断模型。

另外一种基于用户短期行为分析的信息检索方法,主要依赖于用户查询和点击文档的具体内容来对用户关注建模。比如,Shen 等[91]通过在用户检索客户端置入一个智能的关键字提取系统,该系统能从用户的历史查询中寻找到一个类似的查询及其对应的检索结果,进而提取出相关的查询字来自动扩展当前的查询,通过这种方式,来预测用户的个人关注,实现信息检索的个性化。Ustinovskiy 和 Serdyukov[29]只关注于用户在当前信息检索任务下最初的若干查询以及他们的对应点击文档,利用这些信息来对当前查询进行扩展,这种方法对提高短查询的检索准确率有较大帮助。另外,Mihalkova 和 Mooney[92]通过挖掘当前用户的信息检索任务与其他用户的信息检索任务的相似性,来准确识别当前提交查询的真正意图。White 等[93]则提出了一种采用最优化的方法来整合用户的查询记录和点击文档,并结合当前查询一起来估计用户短期查询意图。除此之外,一些基于用户行为的个性化信息检索方法考虑了用户提交查询时的位置信息。比如,Bennett 等[94]通过衡量文档内容与位置相关的概率,以及用户查询与位置相关的可能性,结合以上两个概率值预测用户对位置信息的需求可能性,进而将与位置相关的文档结果返回给用户。他们的研究发现,当考虑了文档的位置内容以及用户的当前位置信息时,能极大地提高诸如关于餐馆、学校、电影院之类的查询准确率。

至此,我们介绍了基于用户的短期行为来实现个性化的信息检索,而用户的长期行为并未被考虑。然而,用户的长期行为,比如经常提交的查询、经常点击的文档等,能有效地反映用户的个人爱好。这些信息将有利于提高个性化信息检索的准确率。

4.3.2 基于用户长期行为分析的信息检索方法

自从信息检索系统能够记录用户的信息检索行为以来,用户长期的查询记录可被用来对用户总体的关注偏好进行建模,来预测用户信息需求。这类信息已被广泛使用在个性化的信息检索中[30,31]。

首先,基于用户长期行为记录的个性化信息检索方法可以依赖于用户的配置文件。比如,Chirita 等[95]采用 ODP 主题对用户的配置文件信息进行标注,再根据文档和配置文件信息之间的距离对文档进行排序。在该模型中,用户的配置文件信息和待排序的文档都用 ODP 主题表示。除此之外,Bilenko 和 Richardson[96]将用户动态的需求信息通过一个客户端来捕捉,作为用户的配置信息,根据这个信息实现个性化的信息检索以及信息推荐。

其次,基于用户长期行为记录的个性化信息检索方法可以依赖于用户与信息检索系统的交互信息。比如,Tan 等[22]通过构建查询和点击文档的关系图,发现用户近期的查询以及点击文档,比用户较早之前的查询和点击文档更有利于用户关注模型的构建,对一些重复提交的查询返回的结果更加精确。Matthijs 和 Radlinski[24]则根据用户长期的查询和检索记录,提取合适的特征,用于训练信息检索排序模型,并用该模型对信息检索系统返回的初始结果进行重排序,来迎合用户个性化的需求。Sontag 等[31]则使用用户的长期查询记录来自动调节一个面向用户的个性化排序模型的参数。White 等[97]给出了一个系统化的用户关注建模框架,在这个框架中,来自不同源的用户信息被加入个性化信息检索模型中,比如用户的社交网络信息、历史查询信息和交互信息等。利用这些信息,用户长期的关注以及当前的查询意图能被准确地预测。

从上述的研究中,我们发现用户的长期行为和短期行为可以用来帮助构建个性化的信息检索模型。但是,如何有效整合这两类信息,目前尚无最佳的办法。Bennett 等[25]验证了综合考虑用户的短期行为特征和长期行为特征可以有效地训练出信息检索排序模型,这比依赖于单一特征源的信息检索排序模型的性能要高。此外,通过挖掘一组相似用户的长期行为可以对当前信息检索用户的关注进行建模[98,99]。从上述的基于用户行为分析的信息检索方法来看,都把每个用户和每个查询同样对待,也就是说,与查询的次数和用户行为习惯都不相关。但是,在实际的信息检索过程中,用户之间的行为习惯差异较大。比如,有些用户给出的点击行为较多,而有些用户则很少点击文档。这些因素在以往的个性化信息检索模型中并未考虑。因此本章提出的模型将研究这些因子对信息检索排序性能的影响。

4.4 基于用户行为分析的个性化信息检索排序模型

4.4.1 排序模型构建

为了计算上一节提到的排序文档的相关度得分,本节我们提出基于用户行为分析的个性化信息检索排序模型来估计该概率。

根据图 4.1 所示的概率图模型,我们可以得到如下表达式:

$$P(u,q,d) = P(u) \cdot P(q \mid u) \cdot P(d \mid q,u) \tag{4.1}$$

其中,u 表示用户,q 表示查询,d 表示文档。结合 DRR 任务的目的,即给定用户 u 和查询 q,计算文档与查询的相关的概率,即 $P(d \mid q,u)$。因此,根据公式(4.1)以及贝叶斯准则,我们可以得到:

$$P(d \mid q,u) = \frac{P(q,u,d)}{P(u) \cdot P(q \mid u)} = \frac{P(q,u \mid d) \cdot P(d)}{P(u) \cdot P(q \mid u)} \tag{4.2}$$

对于给定一个用户和一个查询,进行文档的再排序,公式(4.2)中的概率 $P(u)$ 和 $P(q \mid u)$ 不会对文档的排序顺序产生影响。因此,根据公式(4.2),我们进一步得到:

$$P(d \mid q,u) \propto P(q,u \mid d) \cdot P(d) \tag{4.3}$$

为了估计概率值 $P(q,u \mid d)$,Kurland 和 Lee[100] 提出采用一个混合模型来计算 $P(q,u \mid d)$:

$$P(q,u \mid d) = (1 - \lambda) \cdot P(q \mid d) + \lambda \cdot P(u \mid d) \tag{4.4}$$

其中,λ 是一个自由参数,$P(q \mid d)$ 表示查询 q 和文档 d 相关的概率,$P(u \mid d)$ 表示用户 u 对文档 d 的关注程度。因此根据公式(4.3)和公式(4.4),我们进一步得到:

$$P(d \mid q,u) \propto P(d) \cdot [(1 - \lambda) \cdot P(q \mid d) + \lambda \cdot P(u \mid d)]$$
$$= (1 - \lambda) \cdot P(d,q) + \lambda \cdot P(d,u) \tag{4.5}$$

针对本章要解决的 DRR 问题,在文档重排序之前,用户和查询已经给定,因此,可以将公式(4.5)中的联合概率 $P(d,q)$,$P(d,u)$ 表示成给定用户和查询的条件概率。于是,我们将 $P(d \mid q,u)$ 表示成:

$$P(d \mid q,u) \propto (1 - \lambda) \cdot P(q \mid d) \cdot P(q) + \lambda \cdot P(u \mid d) \cdot P(u) \tag{4.6}$$

如果我们进一步假设 $P(q)$ 和 $P(u)$ 是均匀分布的话,公式(4.6)中的 $P(d \mid q,u)$ 可以直接由公式(4.7)估计而得:

$$P(d \mid q,u) \propto (1 - \lambda) \cdot P(d \mid q) + \lambda \cdot P(d \mid u) \tag{4.7}$$

其中,概率 $P(d \mid q)$ 和 $P(d \mid u)$ 可以采用贝叶斯概率矩阵分解(Bayesian probabilistic matrix factorization,BPMF),在训练集数据上估计得到,这部分内容将在 4.4.2 节中详细介绍。

为了计算查询 q 与文档 d 的相关度,即 $P(d \mid q)$,我们把所有用户的行为信息都考虑在内,然后利用贝叶斯概率矩阵分解来求得文档在每个查询上的相关度概率分布。为了缓解实验数据稀疏问题,我们利用了两个不同层次的贝叶斯概率矩阵分解方法来求解 $P(d \mid q)$,即查询短语层次和查询字层次。我们认为,在采用贝叶斯概率矩阵分解方法来求解 $P(d \mid q)$ 时,查询字层次的查询文档相关度矩阵将比查询词层次的查询文档相关度矩阵更加密集。为了验证该方法的合理性,我们首先定义了矩阵的稀疏度。比如,一个 $m \times n$ 维的矩阵 $X_{m \times n}$,稀疏度为

$$\mathrm{sparseness}(X_{m \times n}) = \left(1 - \frac{\sum_i \sum_j \varphi(x_{ij})}{m \times n}\right) \times 100\% \tag{4.8}$$

其中,

$$\varphi(x_{ij}) = \begin{cases} 1, \mathrm{if} \quad x_{ij} > 1 \\ 0, \mathrm{otherwise} \end{cases} \tag{4.9}$$

是矩阵中的一个元素。通过实验发现,查询词层次的查询文档相关度矩阵的稀疏度为71%,

然而查询字层次的查询文档相关度矩阵的稀疏度为 43%，表明基于贝叶斯概率矩阵分解方法，采用查询字层次的查询文档相关度矩阵将更有利于估计文档与查询的相关度概率。

对于查询词层次的查询文档相关度矩阵，$P(d \mid q)$ 能够直接通过贝叶斯概率矩阵分解方法返回；而对于查询字层次的查询文档相关度矩阵，根据统计语言模型[70]，可以假设查询字之间是相互独立的，因此 $P(d \mid q)$ 可以通过如下表达式获得：

$$P(d \mid q) = P(d \mid w_1, w_2, \cdots, w_m) = \prod_{w_i \in q} P(d \mid w_i)^{N(w_i, q)} \tag{4.10}$$

其中，$N(w_i, q)$ 是查询中查询字出现的次数。此时，$P(d \mid w_i)$ 可以通过在查询字层次的查询文档相关度矩阵上采用贝叶斯概率矩阵分解方法获得。

为了计算公式(4.7)中的 $P(d \mid u)$，我们首先建立用户与文档的关注程度矩阵，然后同样采用贝叶斯概率矩阵分解获得每个用户对所有文档的关注程度分布。具体而言，在进行文档重排序时，每个特定用户的长期行为和短期行为被线性地整合在一起，如公式(4.11)所示：

$$P(d \mid u) = (1 - \omega) \cdot P(d \mid u)_s + \omega \cdot P(d \mid u)_l \tag{4.11}$$

其中，$P(d \mid u)_s$ 表示用户 u 在当前信息检索任务下对文档 d 的关注程度，这由用户的当前行为估计而得；$P(d \mid u)_l$ 表示用户 u 对文档 d 的总体关注程度，这由用户在训练阶段中长期的行为分析而得；ω 为一个自由参数，控制两者的权重。这种线性整合方法已被成功地用来预测用户的关注模型[25]。

综上所述，采用查询词层次的贝叶斯概率矩阵分解方法，在假设用户行为和查询属性都是均匀分布的基础上，对文档进行重排序的最终排序依据为：

$$P(d \mid q, u) \propto (1 - \lambda) \cdot P(d \mid q) + \lambda \cdot [(1 - \omega) \cdot P(d \mid u)_s + \omega \cdot P(d \mid u)_l] \tag{4.12}$$

否则，如果用户行为和查询属性不均匀分布，我们将得到：

$$P(d \mid q, u) \propto (1 - \lambda) \cdot P(d \mid q) \cdot P(q)$$
$$+ \lambda \cdot [(1 - \omega) \cdot P(d \mid u)_s + \omega \cdot P(d \mid u)_l] \cdot P(u) \tag{4.13}$$

而采用查询字层次的贝叶斯概率矩阵分解方法，同样如果假设用户行为和查询属性都是均匀分布，我们将得到：

$$P(d \mid q, u) \propto (1 - \lambda) \cdot \prod_{w_i \in q} P(d \mid w_i)^{N(w_i, q)}$$
$$+ \lambda \cdot [(1 - \omega) \cdot P(d \mid u)_s + \omega \cdot P(d \mid u)_l] \tag{4.14}$$

否则，我们有：

$$P(d \mid q, u) \propto (1 - \lambda) \cdot \prod_{w_i \in q} P(d \mid w_i)^{N(w_i, q)} \prod_{w_i \in q} P(w_i) + \cdots$$
$$+ \lambda \cdot [(1 - \omega) \cdot P(d \mid u)_s + \omega \cdot P(d \mid u)_l \cdot P(u)] \tag{4.15}$$

具体如何估计概率 $P(d \mid u)_s$ 和概率 $P(d \mid u)_l$ 的值，我们将在 4.4.3 节中详细描述。

另外，在模型构建过程中，我们必须要解决一个用户的冷启动问题，即当一个新用户提交一个查询，训练数据集中该用户的历史行为记录无法获取时，如何计算概率 $P(d \mid u)$。为了解决该问题，我们首先找到与当前用户最相似的一组用户，他们在训练阶段也提交过类似查询，然后利用这组相似用户的行为记录模拟生成当前用户的历史行为记录。具体而言，对于一个新用户 u 提交的测试查询 q，我们首先通过函数 $U_c \leftarrow \psi_u(q)$ 找到一组在训练阶段提交了同样查询的相似用户 U_c，然后选择训练集中一个与当前新用户最相似的老用户：

$$u^* \leftarrow \underset{u_i \in U_c}{\arg\max} \varphi(u_i, q) \tag{4.16}$$

其中,函数 $\varphi(u_i,q)$ 返回在训练集中用户 u_i 提交查询 q 的次数。当发现有不止一个用户提交了最多次数的 q 时,我们选取行为最丰富的那个用户为最相似用户,比如最多的点击行为。简而言之,该方法利用了用户在当前信息检索任务下的查询找到类似的老用户,来估计用户的关注模型。

至此,我们提出了基于行为分析的个性化信息检索排序算法主体框架,后续章节将具体介绍用于计算排序文档得分中涉及的相关概率,比如概率 $P(d \mid q)$ 和概率 $P(d \mid u)$ 等。

4.4.2 基于贝叶斯概率矩阵分解的平滑方法

在本章提出的基于行为分析的个性化信息检索排序算法中,我们采用贝叶斯概率矩阵分解方法[101]来估计文档和查询的相关度,同时也用该方法来预测用户对文档的关注程度。比如,在采用贝叶斯概率矩阵分解方法来估计一个文档 d 和一个查询 q 的相关度时,我们首先假设所有用户提交查询 q,然后将点击浏览文档 d 的时间累加起来,假设时间总和为 t,然后采用

$$\min\{\lfloor \lg(t + 10) \rfloor, 5\} \tag{4.17}$$

来标记文档 d 和查询 q 的相关度,其中 $\lfloor \cdot \rfloor$ 是取整函数。通过这种方式,我们可以构建一个查询与文档的相关度矩阵,在这个矩阵中,每个元素表示对应查询与对应文档的相关度。同时在矩阵中,存在不少 0,即通过训练数据信息,无法直接获取文档 d 和查询 q 的相关度,于是贝叶斯概率矩阵分解方法就被用于这个相关度矩阵,使得原始矩阵中每个位置获得一个非零的值。也就是说,通过贝叶斯概率矩阵分解方法可以估计每个查询与每个文档的相关度,从而解决了原始矩阵稀疏的问题。

通过 BPMF,原始的查询与文档的相关度矩阵将被一个近似矩阵所取代:

$$\boldsymbol{R}_{QD}^* = \boldsymbol{Q}_{N_q \times k_{f^*}} \times \boldsymbol{D}_{M_d \times k_{f^*}}^T \tag{4.18}$$

其中,$\boldsymbol{Q}_{N_q \times k_{f^*}}$ 和 $\boldsymbol{D}_{M_d \times k_{f^*}}^T$ 分别表示查询和文档的隐式特征矩阵,而 N_q,M_d 和 k_f 分别是所有查询、文档和隐式特征的个数。

近似矩阵 $\boldsymbol{R}_{QD}^*$ 中每个元素值的分布是在最小化如公式(4.19)中的模型参数和超参过程中计算而得。

$$P(R_{QD}^*(i,j) \mid R_{QD},\Theta_0) = \iint P(R_{QD}^*(i,j) \mid Q_i,D_j) \cdot P(Q,D \mid R_{QD},\Theta_Q,\Theta_D)$$
$$\cdot P(\Theta_Q,\Theta_D \mid \Theta_0) \cdot \mathrm{d}\{Q,D\} \cdot \mathrm{d}\{\Theta_Q,\Theta_D\} \tag{4.19}$$

其中,$\Theta_Q = \{\mu_Q,\Sigma_Q\}$ 和 $\Theta_D = \{\mu_D,\Sigma_D\}$ 分别是查询和文档的超参;假设查询和文档上的分布向量服从高斯分布,$\Theta_Q = \{\mu_0,\Sigma_0,W_0\}$ 是一个 *Wishart* 分布超参,μ_0,$\sum_0$ 和 W_0 是分布参数。另外,由于假设先验概率是服从高斯分布的,超参的更新只要一个简单的 *EM* 算法实现,这也导致当 *Gibbs* 采样的次数相对较小时,算法的复杂度能够控制在 $O(N_q + M_d)$ 以内。

我们通过一个实例来描述 *EM* 算法的过程。假设我们已经构建好查询与文档的相关度矩阵 $\boldsymbol{R}_{QD}$,有 N_q 个查询和 M_d 个文档组成,目的是引入隐式随机变量 z 来让矩阵 $\boldsymbol{R}_{QD}$ 去稀疏化,即矩阵中每个元素都是非零的值,最终生成模型 $P(R_{QD},z)$。我们首先引入近似矩阵与原始矩阵的相似度作为目标函数:

$$l(\theta) = \sum_{i=1}^{N_q} \log P(R_{QD}(i)\,;\theta) = \sum_{i=1}^{N_q} \log \sum_{z_i} P(R_{QD}(i)\,,z_i;\theta) \tag{4.20}$$

其中,$\theta = \{\Theta_Q,\Theta_D\}$。由于无法直接求解参数 θ 的最大值,因此 EM 算法先通过 E 步骤构建相似度函数 $l(\theta)$ 的区域边界值,再通过 M 步骤最优化该边界值,以此不断循环,直至找到最优

参数。在每一个 EM 算法循环中,假设隐式特征符合高斯分布,因此基于 Jensen's 不等式原理,我们有

$$\sum_i \log P(R_{QD}(i);\theta) = \sum_i \log \sum_{z_i} \varphi(z_i) \frac{P(R_{QD}(i),z_i;\theta)}{\varphi(z_i)}$$

$$\geq \sum_i \sum_{z_i} \varphi(z_i) \log \frac{P(R_{QD}(i),z_i;\theta)}{\varphi(z_i)} \qquad (4.21)$$

于是,E 算法步骤为

$$\varphi_i(z_i) := P(z_i \mid R_{QD}(i);\theta) \qquad (4.22)$$

以及 M 算法步骤为

$$\theta := \arg\max_\theta \sum_i \sum_{z_i} \varphi(z_i) \log \frac{P(R_{QD}(i),z_i;\theta)}{\varphi(z_i)} \qquad (4.23)$$

通过上述 E 步骤和 M 步骤,我们可以得到可能性目标函数 $l(\theta)$ 的最大值。至此,查询与文档相关度矩阵的稀疏化问题得以解决,同时获得了每个查询与每个文档的相关度概率。

采用同样的方法,我们可以构建查询字与文档的相关度矩阵 R_{WD},用户与文档的关注程度矩阵 R_{UD},再通过 BPMF 生成对应矩阵的近似矩阵 R_{WD}^* 和 R_{UD}^*,从而得到查询字与文档的相关度概率以及用户对文档的关注概率。本章涉及的矩阵稀疏化问题,其他算法同样也可以解决,比如概率矩阵分解方法(probabilistic matrix factorization,PMF)[102]。然而,我们采用 BPMF 方法,是因为 BPMF 方法能成功地被用在较大规模的数据集上,同时能取得比 PMF 方法更好的概率估计准确性[101]。

4.4.3 用户行为建模

在信息检索结果重排序过程中,用户的短期行为,更具体地说,用户在当前信息检索任务中,先前提交的查询以及点击的一些返回结果,能提供较为准确的用户信息检索意图。为了预测用户当前的信息检索意图,我们收集用户在当前信息检索任务中所有点击的文档来计算公式(4.11)至公式(4.15)中的概率 $P(d \mid u)_s$,具体如下:

$$P(d \mid u)_s = \sum_{d_i \in D_s} \omega_i \cdot P(d_i \mid u) \qquad (4.24)$$

其中,D_S 是用户在当前信息检索任务下所有点击文档的集合,同时

$$\omega_i = \frac{1}{Z_\omega} \cdot \frac{\sum_{d_j \in D_s \setminus \{d_i\}} \mathrm{dis}(d_j,d)}{\sum_{d_k \in D_s} \mathrm{dis}(d_k,d)} \qquad (4.25)$$

取决于待排序文档 d 和已点击文档 d_i 的相似度,另外

$$Z_\omega = \sum_{d_j \in D_s} \frac{\sum_{d_j \in D_s \setminus \{d_i\}} \mathrm{dis}(d_j,d)}{\sum_{d_k \in D_s} \mathrm{dis}(d_k,d)} \qquad (4.26)$$

是一个归一化因子,$D_S \setminus \{d_i\}$ 表示文档集合 D_S 中不包括文档 d_i 的一个子集,而 $\mathrm{dis}(d_j,d)$ 给出的是文档 d_i 和 d 之间的欧式距离,文档 d_i 和 d 的向量表示已经通过 BPMF 方法计算而得。

对于用户的长期行为,我们通过公式(4.27)来计算概率 $P(d \mid u)_l$:

$$P(d \mid u)_l = \sum_{d_j \in D} P(d_j \mid u)^{c(d_j,u)} \qquad (4.27)$$

其中,$c(d_j,u)$ 表示用户 u 在训练阶段点击文档 d_j 的次数。同样概率 $P(d_j \mid u)$ 通过 4.4.2 节描述的 BPMF 方法计算而得。至此用户的长期行为和短期行为模型建立完成。

4.4.4 自适应参数权衡方法

在信息检索文档重排序过程中,需要计算每个文档的排序得分,传统的个性化信息检索排序方法采用一个固定的参数 λ [公式(4.7)中]来整合用户对文档的关注程度和文档与查询的固有相似度。这个方法已经取得了不错的信息检索排序质量[93]。然而,本章将采用一个自适应参数来动态地调节整合的权重,因为我们认为,用户的行为之间彼此差异较大,采用一个固定值的参数可能会降低某些排序性能。为此,我们提出一个自适应的解决方法,具体而言,该方法能对每个测试用户 u 产生一个特定的权重 λ ,该权重值取决于训练阶段中一组相似用户的行为。

首先在训练阶段,对于每个用户 u ,我们从 0 到 1 逐步调节 λ ,步长为 0.1,使得对于用户 u 的检索效果最佳,即

$$\lambda_u^* = \underset{\lambda \in [0,1]}{\mathrm{argmax}} \mathrm{MAP}(u, \lambda) \tag{4.28}$$

这样每个用户将获得一个最佳的 λ 值,即 λ_u^* 。然后在测试阶段,对于一个在训练集中出现过的用户,我们直接使用公式(4.28)中的 λ_u^* 来计算每个文档的排序得分;而对于一个新用户我们首先通过公式(4.16)找到一个在训练集中出现过的最相似的用户 u^* ,然后选择一组与用户 u^* 最相似的用户组 G ,包含 N_u 个用户,最后,自适应的权重 λ 通过

$$\lambda'_u = \sum_{u_i \in G} \alpha_i \cdot \lambda_{u_i}^* \tag{4.29}$$

来获取并赋予新用户 u ,其中,

$$\alpha_i = \frac{1}{Z_\alpha} \cdot \frac{\sum_{u_j \in G \setminus \{u_i\}} \mathrm{dis}(u_j, u^*)}{\sum_{u_k \in G} \mathrm{dis}(u_k, u^*)} \tag{4.30}$$

取决于用户 u^* 与用户组 G 中用户的相似度,而

$$Z_\alpha = \sum_{u_i \in G} \frac{\sum_{u_j \in G \setminus \{u_i\}} \mathrm{dis}(u_j, u^*)}{\sum_{u_k \in G} \mathrm{dis}(u_k, u^*)} \tag{4.31}$$

是一个归一化因子, $\lambda_{u_i}^*$ 是用户 u_i 对应的最佳权重值。在该方法中,同样每个用户采用一个关注概率向量表示,该向量通过对用户与文档的偏好矩阵使用 BPMF 方法获得。至此用户的行为模型建立完成,在测试阶段每个文档的排序得分能够通过公式(4.11)至公式(4.15)计算而得,完成用户提交查询后对信息检索系统初始返回结果进行重排序,来提高信息检索准确率。在后续章节,我们将在来自实际信息检索系统的数据集上进行实验,验证本章提出的基于用户行为分析的个性化信息检索排序算法的正确性,同时与其他排序算法性能进行合理的比较,分析实验性能差异。

4.5 实验结果与分析

4.5.1 实验数据集和评价指标

本章使用的数据集是来自一个信息检索系统,源自一个个性化信息检索排序竞赛即 personalized web search challenge。这个竞赛是 WSCD(web search click data workshop)2014 的一部分,参赛者要求对信息检索系统返回的初始结果进行重排序。性能的评估主要依赖用户的点击和浏览文档的时间,这在个性化的信息检索排序被广泛使用[105,106]。该数据集搜集了用

户一个月的信息检索行为,每个用户、每个查询、每个文档以及每个信息检索任务都对应一个唯一的ID。对于每个查询,信息检索系统返回10个检索文档结果供不同算法重新排序,同时用户浏览检索结果的时间也被记录下来。我们将数据集按照时间分成两份,其中前27天的数据作为训练数据,后3天的数据作为测试数据。

在实验中,训练阶段提交查询个数超过20个的用户被保留了下来,其他用户的记录被过滤移除,这样能使得用户的长期行为记录较为丰富,有利于预测用户的关注模型。另外,在测试阶段,具有多个查询的信息检索任务被保留了下来,这样使得用户的短期行为能够获取,从而预测用户的当前检索意图。除此之外,测试阶段的每个查询在训练阶段都出现过,这样能保证过去这些查询与文档的真正相关度。表4.2给出了处理后数据的主要统计信息。

为了获取查询与文档的真正相关度,便于衡量各种算法的性能,我们把递交查询后,所有用户浏览相同文档的时间累积起来,再用其对数值标记相关度。图4.2给出了文档累加浏览时间的对数值比例,我们发现,绝大部分相关度标记都小于6,因此我们通过

$$relevance \leftarrow \min\{\lfloor \lg(t+10) \rfloor, 5\} \tag{4.32}$$

表4.2 处理后的信息检索排序数据集统计信息

变量	训练阶段	测试阶段
log records	6 113 430	1 773 167
queries	449 079	119 328
unique queries	69 597	69 597
query terms	318 253	318 253
unique query terms	43 162	43 162
documents	5 215 272	1 354 184
unique documents	231 671	126 756
unique users	168 863	89 328

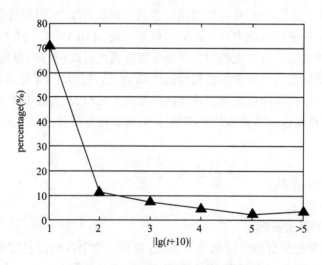

图4.2 文档累加浏览时间的对数值比例

把查询与文档的相关度控制在{1,2,3,4,5}之中,其中,t表示累加时间,$\lfloor \cdot \rfloor$表示取整函

数。通过这种方式,如果一个查询与文档对的对数累加时间大于等于 5,则相关度记为 5,表明查询与文档之间高度相关;同样的方法,如果生成的标记为 4,3 和 2,则分别表明查询与文档的相关度为很相关、一般相关和较相关;如果生成的标记为 1,则表明查询与文档的相关度为不相关。这种基于用户浏览文档的时间来判断查询与文档的相关度的方法已被广泛用于信息检索排序算法的性能评估中[105-108],并取得了不错的效果。

为了评估各种算法的性能,我们采用 MAP,Precision@ 5(P@ 5),NDCG@ 5 和 NDCG@ 10四个指标来衡量,其具体计算公式已在 3.4.2 节中给出,我们直接采用 TREC 提供的算法评估脚本获取相关指标值。同时在算法性能比较时,我们采用了 t-test 做显著性水平测试,并用 ◄/►(提高/降低)标记显著性水平 $\alpha = 0.01$ 以及 ◁/▷(提高/降低)标记显著性水平 $\alpha = 0.5$。

4.5.2 其他比较算法

本节我们将列出其他信息检索排序模型,用于与本章提出模型进行性能比较。首先,我们用 ComP 表示本书提出的个性化信息检索排序模型之一,该模型采用一个固定值 λ〔在公式(4.7)中〕;另外我们用 aComP 表示本书提出的另一个个性化信息检索排序模型,该模型采用一个自适应的 λ〔在公式(4.28)和公式(4.29)中〕。本书提出算法结果将与以下几个信息检索模型结果进行比较:

(1)信息检索系统(Search Engine)返回的初始结果,该结果我们用 SE 表示。

(2)基于当前用户信息检索意图,对信息检索系统初始检索结果进行重排序[109],该方法为 Bayesian personalized ranking,我们使用 BPR 表示。

(3)基于与当前用户相似的一组用户的关注,对信息检索系统初始检索结果进行重排序[98],该方法为 group based personalized ranking,我们使用 GBPR 表示。在该方法中我们设置参数,表示计算文档排序得分时,60% 的贡献来自一组相似用户,而剩余 40% 的贡献来自当前用户,另外相似用户组的大小为 5,在这样的设置下,GBPR 性能最佳[98]。

表 4.3 给出了一个本章涉及的信息检索重排序模型的概述。我们并没有采用竞赛中获胜团队的算法作为比较对象,主要是因为:

(1)那些方法都是专注于特征工程,提取有价值的文档特征,然后基于机器学习方法,直接生成排序模型,而非专注于提出有用的信息检索排序模型。

(2)关于提取特征的详细介绍在获奖团队的报告中并没有给出[110,111],有些特征甚至直接省略[110],导致这些方法无法重现。

(3)获奖团队的总结报告中指出,基于特征工程的信息检索排序方法不推荐至学术研究中,只适合工程研究。

相反我们选择了 BPR 和 GBPR 作为算法比较对象,是因为这两个方法都是基于用户行为分析的信息检索方法,这跟本章要解决的问题和方法相似,同时这两个方法是目前基于用户行为分析的信息检索方法中较为突出的,因此我们采用 BPR 和 GBPR 作为比较对象。

表 4.3　信息检索重排序模型概述

模型	描述	来源
SE	初始文档排序结果。	信息检索系统
BPR	对信息检索系统初始返回结果,采用基于当前用户关注的贝叶斯个性化信息检索模型进行重排序。	文献[109]

续表

模型	描述	来源
GBPR	对信息检索系统初始返回结果,采用基于一组相似用户关注的贝叶斯个性化信息检索模型进行重排序。	文献[98]
ComP	本章提出的基于用户行为分析的个性化信息检索排序模型,对信息检索系统初始返回结果进行重排序,其中公式(4.7)中 $\lambda=0.5$。	本章
aComP	本章提出的基于用户行为分析的个性化信息检索排序模型,对信息检索系统初始返回结果进行重排序,其中公式(4.7)中 λ 能自适应。	本章

4.5.3 本书算法参数设置

在本节中我们将给出本章提出的基于用户行为分析的个性化信息检索模型中的一些参数设置。

首先,对每个查询,信息检索系统返回 10 个检索结果,供各个算法进行重排序,即 $N=10$。在模型 ComP 中,设定 $\lambda=0.5$,采用该设置来回答研究问题 RQ1~RQ3,然后研究模型中的影响来回答 RQ4。在 BPMF 中,我们设置隐式特征的个数为 10,即 $k_f=10$,这与先前研究一致[102,108]。为了获取用户长期的关注模型,即公式(4.27)中的 $p(d\mid u)_l$,我们选取用户点击最多的 10 个文档来估计用户关注。为了获取公式(4.29)中的自适应,我们选取 5 个类似用户,即 $N_u=5$,或者说 $|G|=5$。

然后根据研究[25,108]发现,用于整合用户短期行为和长期行为的参数对估计用户的关注有影响,因此我们先测试在不同权重下的模型 ComP 的性能,即改变公式(4.11)中 ω 的值来看模型 ComP 的性能变化,从而选取最佳的 ω。我们将 ω 以步长为 0.1 从 0 变化至 1,在表 4.4 中给出了 ComP 模型的性能变化。

表 4.4　ComP 模型在不同 ω 值下的性能比较

ω	MAP	Precision@ 5	NDCG@ 5	NDCG@ 10
0.0	0.401 8	0.281 4	0.375 6	0.501 3
0.1	0.415 3	0.295 6	0.381 2	0.510 8
0.2	0.418 6	0.301 4	0.386 7	0.516 7
0.3	0.420 7	0.308 2	0.392 1	0.520 8
0.4	0.420 1	0.306 9	0.389 4	0.518 3
0.5	0.420 4	0.307 5	0.390 3	0.519 2
0.6	0.418 3	0.301 1	0.385 5	0.515 4
0.7	0.417 2	0.298 1	0.382 4	0.513 8
0.8	0.414 4	0.292 6	0.379 4	0.508 6
0.9	0.413 7	0.291 8	0.376 7	0.504 2
1.0	0.400 3	0.278 9	0.372 3	0.498 0

从表 4.4 可知,在变化时,ComP 模型的性能变化不大,当 $\omega=0.3$ 时,ComP 模型的性能最佳。另外 ω 在较小(比如 $\omega=0.2$)时,ComP 模型的性能比在 ω 较大(比如 $\omega=0.8$)时要好,这表明用户的短期行为比用户的长期行为更有利于提高个性化信息检索模型的性能,这与先前研究[25]结果保持一致,因此在后续实验中,我们设置 $\omega=0.3$。

4.5.4　实验分析

在本节中,我们首先比较本章提出模型与其他模型的性能,然后研究本章提出模型中,用户和查询的分布以及 BPMF 应用层次(查询词和查询字)对性能指标的影响,最后我们研究个性化信息检索排序中,用户行为和文档对检索性能的相对重要性。

4.5.4.1　排序模型性能评估

在本节实验中,我们提出的模型,即 ComP 模型和 aComP 模型,都是假设用户行为是均匀分布的,同时模型中,BPMF 工作在查询词层次上解决数据的稀疏化问题。表 4.5 给出了采用 MAP,Precision@ 5,NDCG@ 5 和 NDCG@ 10 四个指标比较不同的个性化信息检索排序实验性能。表中 NDCG 值相比于竞赛中获奖团队的结果分值要低,这主要是因为:①生成查询和文档的真正相关度存在细微的差异;②对数据预处理的方法略有不同。

从表 4.5 可以看出,在所有的比较算法中,基于一组相似用户关注的个性化信息检索排序算法即 GBPR 的实验效果最佳,这表明在信息检索中,关注相似的用户在整个信息获取过程中的行为也相似,比如点击和浏览文档的时间等。当只考虑当前用户的关注而非一组相似用户的关注时,排序模型的实验性能较差。比如,GBPR 模型比 BPR 模型的实验结果要好,各个指标如 MAP,Precision@ 5,NDCG@ 5 和 NDCG@ 10 都相对较高。与信息检索系统返回的初始结果相比,GBPR 模型和 BPR 模型的检索排序准确率都取得了较为明显的提高,比如,采用 MAP 指标,GBPR 模型和 BPR 模型的结果相比于信息检索系统初始结果有近 7.2% 和 5.4% 的提高,这表明基于用户行为的个性化信息检索排序有利于提高信息检索的准确率。

表 4.5　个性化信息检索排序实验性能比较(参数设置 $\omega = 0.3$)

方法	MAP	Precision@ 5	NDCG@ 5	NDCG@ 10
SE	0.381 7	0.282 9	0.361 1	0.462 1
BPR	0.402 3	0.292 6	0.373 1	0.497 3
GBPR	0.409 2	0.298 1	0.377 8	0.502 4
ComP	0.402 7[◁]	0.308 2[◁]	0.392 1[◁]	0.502 8[◁]
aComP	0.424 3[◁]	0.310 7[◁]	0.395 5[▢]	0.522 6[◁]

当用户的长期行为和短期行为都被考虑时,本书提出的 ComP 模型能在 GBPR 模型的基础上进一步提高信息检索性能,比如采用 MAP 指标,ComP 模型结果超过 GBPR 模型结果近 3%,当采用 t-test 进行显著性测试时,这个 MAP 指标的提升在 $\alpha = 0.05$ 水平上是显著的。我们性能提升的原因归结于:①ComP 模型考虑了文档与查询的固有相关度的同时也考虑了用户的个性偏好,然而 GBPR 模型只考虑了用户的关注;②ComP 模型同时考虑了用户的长期行为和短期行为来预测用户的检索意图,而 GBPR 模型只考虑了用户的长期行为来预测用户检索意图。

至于 aComP 模型,该模型为每个用户优化了公式(4.12)中的参数,因此,其性能在 ComP 上略有提高。比如,采用 NDCG@ 5 指标,aComP 模型结果比 ComP 模型结果只提高了不到 1%,然而比 GBPR 模型结果提高了近 4%。类似的结果在其他指标上也能发现。值得注意的是,采用 NDCG@ 5 指标,aComP 模型结果相对于 GBPR 模型结果的性能提高在 $\alpha = 0.01$ 水平上是显著的,而其他指标的提高则在 $\alpha = 0.05$ 水平上是显著的,这表明,aComP 模型能将相关度高的文档尽早地返回给用户,即排在检索结果列表的靠前位置,比如前 5 个中。

相比于竞赛结果,从获奖团队的结果看,其 NDCG 值普遍较高。比如,信息检索系统返回结果的 NDCG 指标为 0.791 3 以及获得第三名的团队结果为 0.804 7。这两个得分都比本书中算法结果要高(aComP 的 0.522 6,见表 4.5)。这主要是因为:①在本章实验中,我们采用了一个 5 级的尺度来衡量查询与文档的相关度,即{1,2,3,4,5},而在竞赛中只采用了一个 3 级的尺度来衡量查询与文档的相关度,即{1,2,3},尺度越多,导致 NDCG 值相对较低;②产生查询与文档相关度的机制不一样,本章查询与文档的相关度基于历史记录中累积浏览时间的对数值,而在竞赛中,采用了绝对的浏览时间。这两个原因导致了算法的性能指标存在差异,我们比较模型性能时,主要关注于性能的相对变化。

4.5.4.2 用户查询分布对排序性能的影响

在本节中,我们研究了用户和查询均匀分布假设对 aComP 模型性能的影响,在实验中,我们应用了查询词水平的 BPMF,并用四个不同指标来衡量模型性能。图 4.3 至图 4.6 给出了在不同的查询位置,aComP 模型在是否假设用户和查询均匀分布的情况下的性能评估。

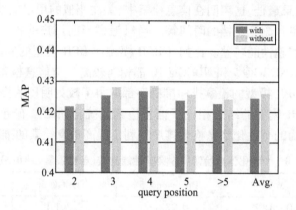

图 4.3   在是否假设用户和查询均匀分布条件下的 aComp 模型的 MAP 指标性能(参数设置 $\omega=0.3$)

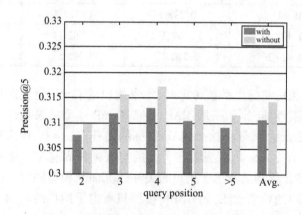

图 4.4   在是否假设用户和查询均匀分布条件下的 aComp 模型的 Precision@5 指标性能(参数设置 $\omega=0.3$)

从图 4.3 至图 4.6 可知,用户和查询是否均匀分布确实对 aComP 模型的性能有影响。aComP 模型在不假设用户和查询均匀分布的情况下,性能略好,尽管两者的性能差异并非显著的。比如,采用 Precision@5 指标,在不假设用户和查询均匀分布的情况下,aComP 模型的性能比假设用户和查询均匀分布的情况下的 aComP 模型性能超过 1%;但用其他指标衡量的话,提高的幅度少于 1%。

另外,从实验中发现,随着查询位置的变化,aComP 模型的性能也呈现出微弱的变化。如

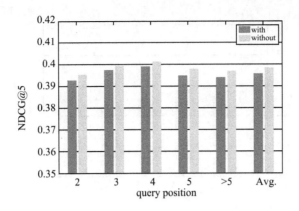

图 4.5   在是否假设用户和查询均匀分布条件下的 aComp 模型的 NDCG@5 指标性能(参数设置 $\omega=0.3$)

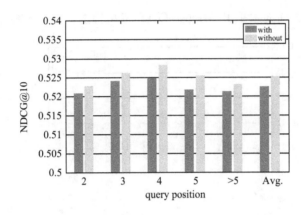

图 4.6   在是否假设用户和查询均匀分布条件下的 aComp 模型的 NDCG@10 指标性能(参数设置 $\omega=0.3$)

图 4.3 至图 4.6 所示, aComP 模型在查询位置为 4 时, 性能最佳; 当查询位置从 2 变化到 4 时, aComP 模型的性能单调地提升; 而当查询位置高于 4 时, aComP 模型的性能开始慢慢地降低。导致这种现象的原因在于, 在一个包含多个查询的检索任务中, 位置靠后的查询意图很有可能与用户的初始查询的意图不一致, 因为用户的初始查询意图已经在位置靠前的查询和文档浏览中得以满足, 进而用户有了新的查询意图。同时我们又发现, 在一个检索任务中, 用户丰富的查询记录相比于只有一个查询记录更有利于提高 aComP 模型的性能, 因为我们发现 aComP 模型性能在查询位置 5 时比在查询位置 2 时要高, 这表明, 丰富的查询记录有利于预测用户的检索意图, 从而帮助排序算法将相关文档返回给用户, 或者生成更合理的文档结果排序列表。

4.5.4.3   不同层次的 BPMF 对排序性能的影响

在本节实验中, 我们研究不同层次的 BPMF 对 aComP 模型信息检索排序性能的影响。根据 4.5.4.2 节结论, aComP 模型在不假设用户和查询服从均匀分布的条件下效果更佳, 因此在本节实验中, 我们设定 aComP 模型工作在不假设用户和查询服从均匀分布的条件下, 通过改变不同层次的 BPMF 来研究 aComP 模型的性能。在图 4.7 至图 4.10 中, 我们分别给出了在不同查询位置, aComP 模型的四个衡量指标的值。

由于在不同水平上应用 BPMF 方法, 遇到的数据稀疏性问题不一样, 由图 4.7 至 4.10 可知, 这个稀疏性问题对 aComP 模型的性能确实有影响。总的来说, 在查询字水平的 BPMF 上, aComP 模型的性能更好。比如, 采用 MAP 和 Precision@5 指标, 基于查询字水平 BPMF 的

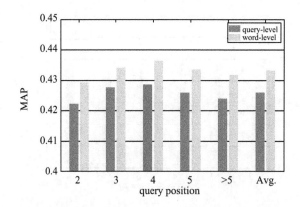

图 4.7   在查询词水平和查询字水平 BPMF 下的 aComp 模型的 MAP 性能性能(参数设置 $\omega=0.3$)

aComP 模型性能比基于查询词水平 BPMF 的 aComP 模型性能要高 1.6% 。这主要是因为,查

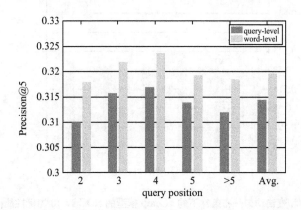

图 4.8   在查询词水平和查询字水平 BPMF 下的 aComp 模型的 P@5 性能指标(参数设置 $\omega=0.3$)

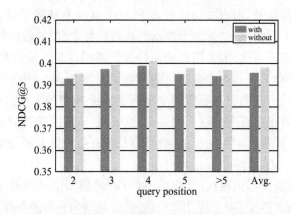

图 4.9   在查询词水平和查询字水平 BPMF 下的 aComp 模型的 NDCG@5 性能指标(参数设置 $\omega=0.3$)

询词与文档的相关度矩阵和查询字与文档的相关度矩阵的稀疏性存在较大差异,查询词与文档的相关度矩阵比查询字与文档的相关度矩阵更加稀疏,这使得应用 BPMF 在较为密集的查询字与文档的相关度矩阵上效果更佳。稀疏的相关度矩阵使得获取查询与文档的实际相关度存在困难,反而言之,如果能获取更多判断查询与文档相关度的信息,本章提出的 aComP 模型的信息检索排序效果更佳。

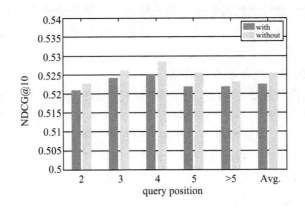

图 4. 10   在查询词水平和查询字水平 BPMF 下的 aComp 模型的 NDCG@10 性能指标(参数设置 ω=0. 3)

4.5.4.4   用户行为和文档对排序性能的相对重要性

在本节实验中,我们详细地研究公式(4.7)中权衡参数对本章提出的信息检索排序模型性能的影响。权衡参数控制的是在计算文档最终排序得分时,来自用户行为和文档本身信息对最终得分的不同贡献。基于查询词水平的 BPMF 以及用户和查询均匀分布假设的前提下,我们在表 4.6 中给出了 ComP 模型在不同 λ 值下的性能比较。λ 值较大,表明最终排序得分中,来自用户行为信息的贡献更大;反之,λ 值较小,则文档本身信息更重要。

表 4. 6   ComP 模型在不同 $\lambda \in (0,1)$ 时的性能比较(参数设置 ω=0. 3)

权衡参数	MAP	Precision@5	NDCG@5	NDCG@10
$\lambda = 0.1$	0. 410 4	0. 295 1	0. 379 2	0. 509 4
$\lambda = 0.2$	0. 413 0	0. 298 6	0. 381 4	0. 511 7
$\lambda = 0.3$	0. 416 3	0. 302 7	0. 385 1	0. 514 0
$\lambda = 0.4$	0. 418 5	0. 305 3	0. 389 7	0. 518 2
$\lambda = 0.5$	0. 420 7	0. 308 2	0. 392 1	0. 520 8
$\lambda = 0.6$	0. 421 8	0. 308 7	0. 392 3	0. 521 2
$\lambda = 0.7$	0. 423 2	0. 309 5	0. 394 6	0. 521 7
$\lambda = 0.8$	0. 421 9	0. 309 1	0. 393 5	0. 521 4
$\lambda = 0.9$	0. 421 1	0. 308 8	0. 392 4	0. 518 6

从表 4.6 可知,总的来说,选取一个较大值的 λ(比如 $\lambda > 0.5$)ComP 模型的性能比在 λ 较小时(比如 $\lambda < 0.5$)要好。当 $\lambda = 0.7$ 时,ComP 模型达到性能最佳,这表明,在本章研究的个性化信息检索排序问题中,在计算文档排序时,当前用户的行为信息比文档自身信息更加重要。因此,在信息检索中,给定一个查询,能更好地挖掘当前用户的个性偏好,能获取更相关更容易满足用户需求的文档结果,从而提高信息检索质量和增强用户的检索满意度。与表 4.5 中 aComP 模型的性能相比,采用固定 λ 值的 ComP 模型性能比采用自适应 λ 值的 aComP 模型性能略差,比如,相比获得最佳性能的 ComP 模型($\lambda = 0.7$),aComP 模型的 MAP,Precision@5,NDCG@5 和 NDCG@10 指标分别提升了 0.3%,0.4%,0.2% 和 0.2%。这表明,当 $\lambda = 0.7$ 时,aComP 模型性能与 ComP 模型性能相似。通过这些实验我们可以得出以下结论:在信息检索中,考虑当前用户的行为信息有利于准确预测用户的查询意图;当计算排序文档最终得分时,

用户的行为信息能自适应地与文档信息结合起来将进一步提升检索准确率。同时,我们发现,用户的行为信息比文档信息本身更为重要。这些结论将有利于信息检索系统算法的分析与设计,提高用户的检索满意度。

4.5.5 个性化信息检索方法的军事应用研究

在现有的军事信息检索系统基础上,记录不同角色用户的查询、浏览点击文档等行为信息,然后以一种固定的格式存储,利用这些信息,可以构建 4.4.2 节中涉及的用户与文档的关注程度矩阵,进而可以采用贝叶斯概率矩阵分解生成每个用户的关注模型 $P(d \mid u)$ 。在此基础上,结合用户的短期行为信息,根据本章提出的基于用户行为分析的个性化的信息检索排序模型生成各个用户个性化的关注模型,如图 4.11 所示,信息处理人员、效能评估人员和实际作战人员将具有各自对应的关注模型。

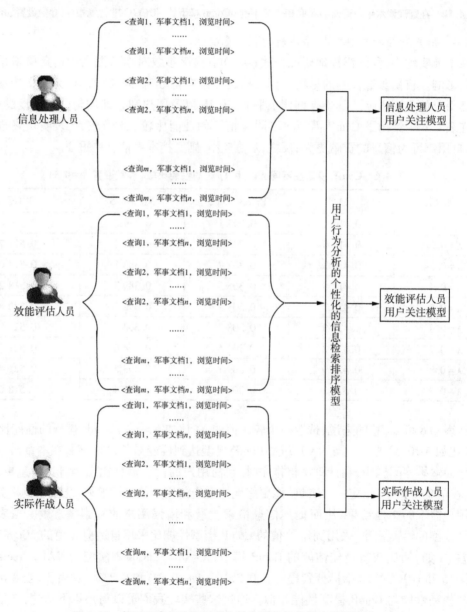

图 4.11 基于用户行为分析的个性化军事信息检索模型构建

在应用阶段,如图 4.12 所示,当用户提交一个查询时,首先进行用户的身份验证,通过其长期的历史查询记录预测其关注模型 $P(d \mid u)_l$,同时根据用户在当前信息检索任务下的行为记录预测其当前信息检索意图 $P(d \mid u)_s$,然后根据生成的用户关注模型和预测的用户检索意图,将与用户关注和检索意图接近的文档信息尽可能地返回给当前用户,或者将某些重要的信息(被反复点击浏览的文档)尽可能地返回在信息检索结果列表的靠前位置,这些策略将有助于提高信息检索准确率,实现信息的精准服务。

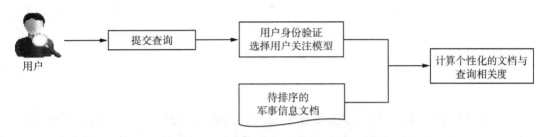

图 4.12 基于用户行为分析的个性化军事信息检索模型应用

4.6　本章小结

本章主要研究了个性化的信息检索排序方法,提出了基于用户行为分析的个性化的信息检索排序模型,验证了该模型在不同假设和不同条件下的信息检索排序性能。具体而言,我们提出的模型考虑了用户的长期行为和短期行为来预测用户的检索意图,并采用了贝叶斯概率矩阵分解方法解决了数据的稀疏性问题,获得了查询与文档的相关度和用户对文档的关注程度,利用这些信息,我们对信息检索系统返回的初始结果进行重排序。实验结果表明,在个性化的信息检索排序中,用户的行为信息比文档的固有信息更为重要;当计算文档排序得分时,适当地增加用户行为信息的贡献将产生更高的检索准确率。

未来工作可以在以下方面展开:①把算法移植到更大的数据集上验证性能,同时采用更可靠的方法获取查询与文档的真实相关度;②结合机器学习算法和排序学习算法,提取用户行为和文档的有效特征,生成个性化的文档排序模型。同时,目前本书对用户行为与作战指挥角色之间的关联并未展开深入的研究,作战指挥角色与用户行为之间确实存在某种关联关系,这种关系可以通过挖掘不同角色作战指挥员的配置信息来获取。比如,信息处理人员或者参谋人员的行为将包含较多的点击行为,因为他们需要阅读文档、分析结果等,来辅助指挥人员作出作战决策。该工作将在本书的未来研究中进一步展开,即基于不同角色用户行为分析的个性化信息检索方法研究。

5　基于语义相似度和时效性频率的查询推荐排序模型

5.1　引言

信息检索能够帮助用户获取想要的信息,在用户提交一个查询后,返回给用户一组相关的文档[112],解决用户的信息需求。查询推荐则是在用户进行信息检索过程中,当用户输入查询时,在只输入部分查询字符的情况下,系统预测用户的查询意图,推荐给用户一组查询候选词供其选择[113-115],从而帮助用户完成查询词的构建[116-118]。这有利于节省用户输入查询的时间,同时帮助用户构建一个好的查询词,有利于获取准确的信息,进而实现信息系统的精准服务,提高用户的满意度[119]。

在常用的信息检索系统中,如 Google,Bing,Yandex 和 Baidu 等,查询推荐(query recommendation 或者 query completion)服务已被用户广泛使用,当用户仅仅输入若干字符时,系统返回用户一组查询候选词供用户选择[110],帮助用户完成构建查询词。本章主要研究查询推荐算法,在 Markov 模型假设的基础上,我们提出了一个新的查询推荐模型,在该模型中,用户参与整个查询推荐活动被视为一个 Markov 链[121],同时该模型考虑了查询字之间的语义相关度,即查询字之间彼此越相关的查询词有可能排在查询推荐列表的靠前位置。我们在信息检索系统用户查询记录数据集上进行了实验,并与传统的查询推荐算法比较,验证了本章方法的有效性。实验表明,本章提出的模型,比传统查询推荐算法的评价指标提高了 4%。

5.2　问题描述与框架

现有的查询推荐排序模型主要基于查询推荐在过去一段时间内的查询频率来排序,这类方法虽能预测绝大部分用户的查询意图,使得查询推荐准确率较高,但该类方法忽略了查询词内部查询字之间的语义相似度。当用户构建一个查询词时,语义相似的查询字更容易被用户整合在一起构成一个查询词[122]。换而言之,语义相似度高的查询字构成的查询短语更符合用户构造查询短语的习惯。另外,研究发现[58],用户在使用信息检索系统进行信息检索时,经常在输入完一个完整的查询字时,选择系统推荐的查询词,因此,查询字特别是查询词中的第一个查询字的频率可以反映当前信息检索用户普遍关注的问题,从而可以影响查询推荐的排序位置。综合以上因素,本章提出的基于语义相似度和时效性频率的查询推荐排序模型,将两者有效结合,准确预测用户的查询。

查询推荐排序问题可以如下这样描述,假设用户 u 在信息检索过程中,输入了一个查询词

前缀 p，即一个由若干字母构成的字符串，Q_I 表示一组查询推荐候选词，这些词都是以 p 为开始，然后查询推荐排序问题就是返回用户一组查询词的推荐列表 Q_S，其中 $|Q_S|=N>0$。在该列表中，每个查询词都属于 Q_I，并且 Q_S 中查询词按照用户提交该查询的可能性进行排序，使得

$$\Phi(Q_S) = \sum_{q \in Q_S} \varphi(q), \text{where } \varphi(q) = \begin{cases} \dfrac{1}{\text{math of } q \text{ in } Q_S}, & \text{if} \quad q = q', \\ 0, & \text{if} \quad q \neq q' \end{cases} \tag{5.1}$$

达到最大化，q' 是用户 u 最后提交的查询。这与传统的信息检索中文档排序很类似。表 5.1 给出了文档排序和查询推荐排序的比较。

表 5.1　文档排序（document retrieval，DR）和查询推荐排序（query auto completion，QAC）的比较

文档排序	输入	
	排序对象	
	对象特征	TF，IDF，BM25 等等
	输出	
	判断准则	
	评价指标	
查询推荐排序	输入	
	排序对象	
	对象特征	查询频率、长度、位置等等
	输出	
	判断准则	
	评价指标	

在文档排序中，给定查询 q_i，每个文档 d 用一个特征向量来表示，$df = \Phi(d,q)$，其中 Φ 是特征提取函数，$m^{(i)}$ 是待排序文档个数，即 $|D|$。在查询推荐排序中，给定输入前缀 p_i，每个查询 q 也用一个特征向量来表示，$qf = \varphi(p,q)$，其中 φ 是特征提取函数，$n^{(i)}$ 是待排序查询词个数，即 $|Q_c(p_i)|$。总的来说，文档排序中，输入查询词，返回用户一组相关的文档列表；查询推荐排序中，输入若干字符串，返回用户一组用户可能提交的查询词。

图 5.1 给出了一个查询推荐排序的基本框架。在信息检索过程中，用户的查询以及跟系统的交互信息都被记录下来，存储在一张结构表中，另外用户输入的查询前缀和查询候选词都以一种有效的方式存储。当在实际信息检索时，用户输入查询前缀，系统从建立好的结构表中快速找到一组候选查询词返回给用户。在返回用户查询词列表之前，用户的查询时间、地点、个人关注等信息能同时被考虑，从而返回给用户一组最有可能被其提交的查询词列表。总的来说，查询推荐排序能够节省用户输入完整查询的时间，避免用户查询拼写错误，帮助构建更好的查询，从而帮助用户快速获取信息检索结果，提高用户的信息检索体验。

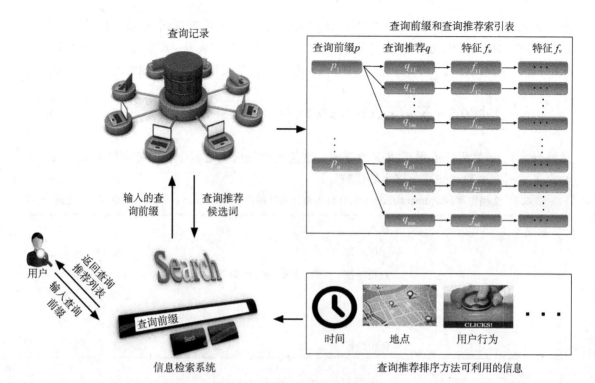

图 5.1　查询推荐排序基本框架

　　本章研究的查询推荐方法本质上是一种重排序方法,如图 5.2 所示,即首先根据用户输入的查询前缀,基于某种排序准则,生成一组查询推荐排序列表,然后根据某种模型,对原始查询推荐排序列表进行重排序,最终返回给用户一组重新排序了的查询推荐列表。

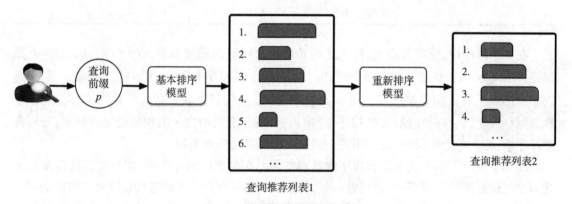

图 5.2　查询推荐的重排序过程

5.3　相关工作分析

5.3.1　个性化的查询推荐方法

　　一种简单而有效的查询推荐排序方法是基于查询记录中查询推荐的查询次数,采用最大似然估计方法,预测用户提交每个查询推荐的概率,这种方法被视为 MPC(most popular completion)模型[10],即

$$\text{MPC}(p) = \text{argmax}_{q \in C(p)} w(q), w(q) = \frac{f(q)}{\sum_{q_i \in Q} f(q_i)} \qquad (5.2)$$

其中,$f(q)$ 是查询推荐 q 在查询记录 Q 中出现的次数,$C(p)$ 是一组查询推荐集合,每个查询推荐都以用户输入的查询前缀 p 为开始。MPC 模型假设查询推荐的查询频率会保持不变,因此查询推荐可以根据它们在查询记录中的出现频率来排序,使得查询推荐性能效果最佳。

在 MPC 模型中,给定一个查询输入前缀,查询推荐只根据查询推荐的频率进行排序,因此不同用户输入相同的查询前缀,将获得相同的查询推荐列表。但是,不同用户的关注爱好存在差异,因此,考虑用户的个人偏好对查询推荐进行排序,将有可能提高查询推荐方法的性能,从而进一步提高用户的信息检索满意度,这就是个性化的查询推荐模型[10,32-34]。个性化的查询推荐排序模型,通常不仅仅需要考虑查询推荐的查询频率,同时也考虑用户的查询意图,将与用户的关注偏好最接近的查询推荐返回在查询推荐列表的靠前位置。比如,Bar-Yossef 和 Kraus[10] 提出把用户在当前信息检索任务下的所有查询用来建立用户关注模型,然后依次将查询推荐按照与用户关注模型的相似度进行排序:

$$q_c \leftarrow \text{argmax}_{q \in Q(p)} \frac{v_q \cdot v_C}{||v_q|| \cdot ||v_C||} \qquad (5.3)$$

其中,$Q(p)$ 是输入查询前缀 p 后产生的一组候选查询推荐,$v_q \cdot v_C$ 表示两个向量的点乘,v_q 和 v_C 分别是查询推荐和用户关注模型的向量表示,$||v_q||$ 表示向量 v_q 的长度。

此外,个性化的查询推荐方法考虑了用户长期的查询记录[123,124],比如用户长时间内反复提交的查询可以用来预测用户的关注爱好。Cai 等[15] 提出一种新的查询推荐排序模型,该模型中,查询推荐的出现频率以及查询推荐与用户的历史查询记录的相似度被同时考虑来对查询推荐进行排序,如

$$\text{Sco}(q_c) = \omega \cdot \text{ScoFre}(q_c) + (1 - \omega) \cdot \text{SimSco}(q_c, Q_u) \qquad (5.4)$$

其中,$\text{ScoFre}(q_c)$ 根据查询频率归一化而得,$\text{SimSco}(q_c, Q_u)$ 通过查询推荐 q_c 与用户的历史查询记录 Q_u 的余弦相似度计算而得,两者的整合通过一个权衡参数 ω 来控制。

此类以用户为中心的个性化查询推荐方法主要依赖于用户的历史查询记录,访问点击的文档记录或者用户与搜索引擎的交互记录来对用户关注偏好建模[4,10,15,37]。这些方法极大地提高了查询推荐算法的性能。但是此类方法没有考虑用户提交查询时的时间因素。

5.3.2 时间敏感性的查询推荐方法

在公式(5.2)中的 MPC 模型假设查询频率的分布与时间无关,即未来查询频率的分布与之前观测到的保持一致。其实不然,查询推荐的查询频率会随着时间的变化呈现比如周期性、急剧上升或者下降等趋势,这些信息将影响查询推荐排序的算法性能[125]。

为了将时间因素考虑至查询推荐排序算法中,Shokouhi 和 Radinsky[13] 提出了一种时间敏感性的查询推荐排序模型。该模型中,他们采用时间序列分析来预测查询推荐未来的频率,根据该频率,对查询推荐进行排序,即

$$\text{Sco}(p, t) = \text{argmax}_{q \in C(p)} w(q \mid t), w(q \mid t) = \frac{\hat{f}_t(q)}{\sum_{q_i \in Q} \hat{f}_t(q_i)} \qquad (5.5)$$

其中,p 是用户输入查询前缀,$C(p)$ 是一组查询推荐集合,$\hat{f}_t(q)$ 是预测得到的查询推荐频率。

除了采用时间序列分析来预测查询推荐的频率从而进行查询推荐的排序之外,Whiting 和

Jose[11]提出了几种容易实现的查询推荐方法,包括:①统计过去一段时间内的查询频率,比如两天或者一周内,并依据该查询频率对查询推荐排序;②统计过去一段时间内所有提交的若干查询中,查询推荐的频率,比如统计固定1万个查询中,查询推荐出现的频率,并依据该查询频率对查询推荐排序;③通过观测查询推荐近期查询频率的趋势变化,预测其未来频率,并依据该查询频率对查询推荐排序。此类方法总体而言取得了较好的查询推荐排序性能。但是此类方法都是以查询词整体为统计对象,忽略了查询字的出现频率,本章将对该因素进行研究。

从上述的研究概述中发现,现有的查询推荐排序模型并未考虑查询字的时效性频率,只是考虑了查询短语的出现频率,这使得查询推荐排序模型无法考虑来自相似查询短语的贡献,本章提出的模型通过考虑查询字的时效性频率,来获取来自相似查询短语的贡献。

5.4 基于语义相似度和时效性频率的查询推荐排序模型

5.4.1 模型构建

在本节中,我们将给出查询推荐排序模型构建的具体步骤,主要由两步构成。第一步,我们根据时效性查询字频率,返回一组频率高的查询字,这些查询字是查询词的第一个字,并且在过去一段时间内的查询记录中经常出现;第二步,根据查询字之间的语义相似度将查询词重新排序。表 5.2 给出了本章讨论的查询推荐排序算法的主要描述,其中 S-QAC 模型和 wS-QAC 为本章提出的查询推荐排序模型。

表 5.2 查询推荐排序算法描述

模型	描述	来源
MPC	根据查询推荐在查询提交前数据集中出现的次数排序	文献[10]
MPC-R	根据查询推荐在查询提交前 R 天内数据集中出现的次数排序	文献[11]
S-QAC	基于语义相似度对 MPC 模型返回结果重排序	本章
wS-QAC	基于语义相似度和时效性查询频率对 MPC 模型返回结果重排序	本章

我们以一个最简单的贝叶斯网络(Bayesian network)来表示在查询推荐排序中一组随机变量的条件依赖关系,这组随机变量包括输入的查询前缀 p,查询词的第一个查询字 w 以及查询词 q。在图 5.3 中,我们给出了三者的彼此关系。

图 5.3 查询推荐排序的贝叶斯网络表示

由于信息检索用户通常在输入完查询词的前缀或者查询词的第一个查询字后,才使用查询推荐服务选取合适的推荐查询,因此从基本的概率论和图 5.3 可知,联合概率 $P(p,w,q)$ 可以用一组条件概率的乘积来表示:

$$P(p,w,q) = P(p) \times P(w \mid p) \times P(q \mid w,p) \tag{5.6}$$

由于用户使用信息检索系统进行信息检索时,经常在输入完一个完整的查询字时,选择系统推荐的查询词,因此我们假设用户在输入第一个查询字后选择查询词。基于该假设,在图

5.3 贝叶斯网络中的变量 q 只与变量 w 相关,也就是说

$$P(q \mid w,p) = P(q \mid w) \tag{5.7}$$

这样,贝叶斯网络就演化成一个如图5.4所示的马尔科夫链(Markov chain)。

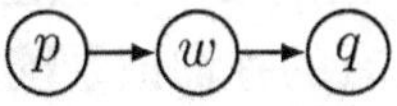

$$p \longrightarrow w \longrightarrow q$$

图5.4 查询推荐排序的马尔科夫链表示

于是,联合概率 $P(p,w,q)$ 就可以表示成

$$P(p,w,q) = P(p) \times P(w \mid p) \times P(q \mid w) \tag{5.8}$$

同时,根据贝叶斯理论,我们可以将 $P(p,w,q)$ 表示成

$$P(p,w,q) = P(q,w \mid p) \times P(p) \tag{5.9}$$

因此结合公式(5.8),我们有

$$\begin{aligned} P(p,w,q) &= P(p) \times P(w \mid p) \times P(q \mid w) \\ &= P(q,w \mid p) \times P(p) \end{aligned} \tag{5.10}$$

也就是说

$$P(w \mid p) \times P(q \mid w) = P(q,w \mid p) \tag{5.11}$$

由于直接计算概率 $P(q,w \mid p)$ 存在困难,我们在以往研究基础上[100],采用一种逼近方法来计算 $P(q,w \mid p)$,如下

$$P(q,w \mid p) = \lambda \times P(q \mid p) + (1 - \lambda) \times P(w \mid p) \tag{5.12}$$

其中,λ 是一个权衡参数,属于[0,1]。于是,当用户输入查询前缀 p 时,每个查询推荐的排序得分就可以表示成一个条件概率 $P(q \mid p)$,再根据上述公式(5.6)至公式(5.11)的推导,排序得分 $P(q \mid p)$ 就表示成

$$P(q \mid p) = \frac{P(w \mid p) \times [P(q \mid w) + \lambda - 1]}{\lambda} \tag{5.13}$$

对一个查询推荐的排序问题,由于公式(5.13)分母中的 λ 值并不影响查询推荐之间的相对顺序,因此,最终的查询推荐排序得分可以简化为

$$P(q \mid p) \propto P(w \mid p) \times [P(q \mid w) + \lambda - 1] \tag{5.14}$$

其中,$0 \leqslant \lambda \leqslant 1$,$P(w \mid p)$ 表示用户输入查询前缀 p 后,生成查询字 w 的概率,而 $P(q \mid w)$ 表示产生第一个查询字 w 后生成查询词 q 的概率。为了计算这些概率值,我们采用最大似然估计(maximum-likelihood estimation,MLE)来近似,$P(w \mid p)$ 主要依赖于查询字在一段时间内的出现次数,而 $P(q \mid w)$ 则主要依赖于查询字之间的语义相似度。我们将在5.4.2节和5.4.3节分别给出计算 $P(w \mid p)$ 和 $P(q \mid w)$ 的具体步骤。

5.4.2 时效性频率的查询字排序

本章研究的查询推荐排序问题本质上是一个重排序问题,即我们首先根据用户输入的查询前缀,返回一组查询推荐列表 $L(p)$,包含 N 个查询推荐候选词,然后根据相关模型算法对这 N 个查询推荐候选词进行重新排序,最终返回给用户一个重排序了的查询推荐列表。

为了计算公式(5.14)中的概率 $P(w \mid p)$,我们首先根据 $L(p)$ 提取一组查询字 $S_{N_w}(p)$,一共包含 N_w 个不同的查询字,查询字的获取根据如下公式获得:

$$S_{N_w}(p) = \{w_j : \text{FirstWord}(q), q \in L(p)\} \tag{5.15}$$

在此基础上,给定用户输入的查询前缀 p,根据查询字出现的频率计算 $P(w \mid p)$:

$$P(w \mid p) = \frac{f(w)}{\sum_{w_i \in S_{N_w}(p)} f(w_i)} \qquad (5.16)$$

其中,$f(w)$ 为查询字 w 在一段时间内的出现频率。但是由于查询字的出现频率会随着时间的变化而变化,因此如果采用训练阶段所有的查询记录统计出现频率,将把查询频率的时效性忽略。因此,我们统计查询字的频率时,只考虑对应查询时间前 M 内的出现频率,在后续的实验阶段,我们将考虑参数 M 对模型性能的影响。

5.4.3 语义相似度的查询词排序

在本节中,我们将讨论如何将语义相似度应用至查询推荐排序模型中。公式(5.14)中的概率 $P(q \mid w)$ 的 w 是查询词 q 的第一个查询字,因此也可用 w_1 表示,查询词 q 则表示成 $q = \{w_1, w_2, \cdots, w_n\}$。基于统计语言模型中的独立假设,即查询字之间是相互独立的,因此,我们可以基于查询词的第一个查询字 w 与查询词的其他查询字来计算语义相似度 S_{SEM},如下

$$\begin{aligned}
S_{\text{SEM}} &= P(q \mid w) \\
&= P(w_1, w_2, \cdots, w_n \mid w_1) \\
&= \prod_{w_i \in q} p(w_i \mid w_1)
\end{aligned} \qquad (5.17)$$

为了计算概率 $p(w_i \mid w_1)$,我们将在大量的文本数据集和查询记录中挖掘查询字 w_i 与 w_1 之间的语义关系。

在统计语言模型中,Mikolov 等[127] 提出了一个 Skip-Gram 模型,该模型能有效地从大量的文本中,通过挖掘各个字在一定长度的窗口内共同出现的次数,训练产生文本中每个字的向量表征,基于提取的文字向量表示,每个字之间的语义相似度将得以衡量。这种方法已经在获取文本的相似度上取得了成功[128]。因此,在本章提出的查询推荐排序中,我们同样基于 Skip-Gram 模型获取查询词中查询字 w_1 与其他查询字之间的语义关系。Skip-Gram 模型训练的目标是将每个查询字用一个合理的向量表示,然后基于该向量能预测与查询字接近的其他查询字,通过最大化如下概率平均值来优化每个查询字的向量表示:

$$\frac{1}{T_r} \sum_{t=1}^{T_r} \sum_{-c_s \leq j \leq c_s, j \neq 0} \log P(w_{t+j} \mid w_t) \qquad (5.18)$$

其中,T_r 是训练的文本数目,c_s 是训练文档的尺寸窗口大小,w_t 是某个查询字,w_{t+j} 是与查询字 w_t 距离在 j 个位置的其他查询字。我们在 Google-News 文本数据集上训练 Skip-Gram 模型,Google-News 文本数据集包含了数以亿计的文本语句。我们将每个语句按照顺序用一组字来表示,即 $w_{s1}, w_{s2}, \cdots, w_{sT}$,然后输入至 Skip-Gram 模型。通过这种方式,我们获取了查询字的向量表示,然后可以基于余弦函数计算两个向量的相似度,从而获取查询字之间的语义相似度得分,或者称相似的概率 $S_r(w_i, w_1)$,其中 $w_i \in q$,w_1 是查询词 q 的第一个查询字。

但是,由于 Skip-Gram 模型是一个高度依赖于训练文本数据集的统计语言模型,即要表征的查询字必须在训练文本数据集里出现过,也就是说,无法用向量表示一个文本中不存在的查询字。由于信息检索中的用户的查询有时相当孤僻,因此可能无法直接采用在 Google-News 文本数据集上训练的 Skip-Gram 模型来表征所有查询字。为了解决这一问题,我们采用同样的方式,针对搜集到的用户查询记录,训练 Skip-Gram 模型,这样确保测试阶段的每个查询中的查询字能被 Skip-Gram 模型的向量表示。基于用户查询记录生成的 Skip-Gram 模型,我们同样可以计算查询词 q 中第一个查询字 w_1 与其他查询字 $w_i \in q$ 之间的语义相似度,我们用 $S_q(w_i, w_1)$ 表示。最后,公式(5.17)中的查询字之间的语义相似度 $P(w_i \mid w_1)$ 通过如下公式计

算而得：

$$P(w_i \mid w_1) = \omega \times S_r(w_i, w_1) + (1 - \omega) \times S_q(w_i, w_1) \qquad (5.19)$$

其中，$S_r(w_i, w_1)$ 是基于 Google-News 文本数据集训练获得的查询字 w_1 与其他查询字 $w_i \in q$ 之间的语义相似度，$S_q(w_i, w_1)$ 基于用户查询记录数据集训练获得的查询字 w_1 与其他查询字 $w_i \in q$ 之间的语义相似度，采用 ω 来线性整合，获取最终查询字之间的语义相似度，ω 是一个权衡参数，属于 $[0,1]$。基于公式(5.17)和公式(5.19)，我们有

$$\begin{aligned} P(q \mid w) &= \prod_{w_i \in q} P(w_i \mid w_1) \\ &= \prod_{w_i \in q} [\omega \times S_r(w_i, w_1) + (1 - \omega) \times S_q(w_i, w_1)] \end{aligned} \qquad (5.20)$$

至此，根据公式(5.16)和公式(5.20)，我们可以计算公式(5.14)中的概率 $P(q \mid p)$，即当用户输入查询前缀 p 时，我们可以根据概率 $P(q \mid p)$ 的大小返回用户一组排序了的查询推荐。

5.5 实验结果与分析

5.5.1 实验研究问题

本章实验部分要解决的研究问题包括：

（1）RQ1：查询字之间的语义相似度是否对提高基于查询词频率的查询推荐排序算法性能有帮助？

（2）RQ2：基于时效性的查询字频率是否能提高查询推荐算法的准确性？

（3）RQ3：本章提出的查询推荐模型中，公式(5.19)中的权衡参数 ω 对模型性能有何影响？

5.5.2 实验数据集

我们在公开的查询记录实验数据集上展开实验来比较各个算法的优劣，包括 AOL 数据集[129]和 MSN 数据集[130]。AOL 数据集搜集了 AOL 信息检索系统三个月的用户查询记录，从 2006 年 3 月 1 日至 2006 年 5 月 31 日，总共包含了 657 426 个不同的用户提交的 16 946 938 条查询记录；而 MSN 数据集则搜集了 Bing 信息检索系统 2006 年 5 月这一个月的用户查询记录，一共包含了 8 831 281 个查询。

为了实验的一致性，我们将两个数据集都分成两份，根据时间跨度，前面 75% 的数据作为训练集，余下的 25% 的数据作为测试集，传统的 k -交叉实验法无法应用在本章的实验中，因为这会破坏具有时效性的实验数据序列[131]。按照这种实验数据分割方法，在 AOL 数据集上，训练集数据是在 2006 年 5 月 8 日之前的查询记录，而在 MSN 数据集上，训练集数据是在 2006 年 5 月 24 日之前的查询记录。另外，我们对数据集进行了预处理，包括移除了大量的导航类查询，这些查询包含一些 URL 中常出现的字符串，如.com，.net，.org，http，.edu，www 等，同时也移除了包含特殊字符查询短语，比如 &，$ ，#等。为了保证查询词在测试阶段前的查询频率能够获取，测试阶段的所有查询都必须在训练阶段出现过。而在用于计算模型算法指标的测试样本中，用户最后提交的查询词必须包含两个或两个以上的查询字，这样才可以计算查询词中查询字之间的语义相似度。表 5.3 给出了处理后 AOL 和 MSN 实验数据的统计信息。

表 5.3　用于查询推荐排序的 AOL 数据集和 MSN 数据集统计信息

变量	AOL		MSN	
	训练阶段	测试阶段	训练阶段	测试阶段
# queries	2 784 621	964 320	2 425 089	876 204
# unique queries	374 128	374 128	258 649	258 649
# all prefixes	1 100 231	402 839	821 612	236 209
# prefix-1	107 364	33 873	86 059	27 614
# prefix-2	163 584	57 125	131 408	36 835
# prefix-3	226 941	79 658	167 846	49 125
# prefix-4	289 660	100 336	200 317	57 682
# prefix-5	312 682	111 847	235 982	64 953

表 5.3 中,# Prefix-1 表示数据集中用户输入查询前缀长度为 1 的样本个数。此外我们在实验中将数据集的训练集和测试集包含不同的查询数目保持一致。

5.5.3　评价指标

我们采用指标平均位置倒数(mean reciprocal rank,MRR)来比较查询推荐排序模型的性能。MRR 在以往的查询推荐方法研究中被广泛使用,其计算过程如下:给定一个用户输入的查询前缀 p,一张以 p 为开始的查询候选词排序列表 $S(p)$,以及用户最终提交的查询词 q',此时 RR(reciprocal rank)按照如下公式计算:

$$\text{RR} = \begin{cases} \dfrac{1}{\text{rank of } q' \text{ in } S(p)}, & \text{if } q' \in S(p), \\ 0, & \text{otherwise} \end{cases} \tag{5.21}$$

即查询词为 q' 在查询候选词排序列表 $S(p)$ 中位置的倒数。然后 MRR 即为

$$\text{MRR} = \frac{1}{N_p} \sum_{i=1}^{N_p} \text{RR}_i \tag{5.22}$$

表示计算所有测试 p 得到的 RR 值的平均值。

在实验中,我们将与其他查询推荐排序算法进行比较,包括:

(1)MPC(most popular completion)模型[10],该方法根据查询推荐词在用户提交当前查询时,将整个历史数据集中出现的频率排序并返回给用户。

(2)MPC-R(most popular completion-recent)模型[11],该方法考虑了查询词查询频率的时间变化性质,根据查询推荐词在用户提交当前查询时,在前 R 天($R=7$)数据集中出现的频率,将查询推荐词排序并返回给用户。

表 5.2 给出了各种算法的简单描述。另外,我们采用了 t-test 做显著性水平测试,并用 ▴/▾(提高/降低)标记显著性水平 $\alpha=0.01$ 以及 △/▽(提高/降低)标记显著性水平 $\alpha=0.05$。

5.5.4　模型参数设置

在实验中,我们首先利用 MPC 模型,针对一个输入查询前缀 p 返回 10 个查询推荐候选词,即 $N=10$。另外,如果用户最终提交的查询不在 MPC 模型返回的 10 个候选查询推荐内,这些测试样本结果将不在性能评估中。根据以往研究[100],我们设定公式(5.13)中的参数 $\lambda=0.5$,同时在 5.5.5.1 节和 5.5.5.2 节实验中设定公式(5.19)中的参数 $\omega=0.5$,而在 5.5.5.3

节中,我们从 0 到 1 以步长 0.1 不断改变 ω 的值,来分析模型性能变化。针对时效性的查询字频率参数,我们在实验中分析了 $M=4, M=7, M=14$ 三种情况下的性能指标,最终发现本章算法在 $M=7$ 时性能最佳,因此在所有实验中,我们设置 $M=7$。

5.5.5 实验分析

5.5.5.1 查询推荐算法性能评估

为了回答研究问题 RQ1,我们在表 5.4 中给出了表 5.2 所描述的模型的性能评价结果。我们改变输入查询前缀长度,从 1 至 5,分别在数据集 AOL 和数据集 MSN 上采用 MRR 来衡量各种模型的性能。表 5.4 中第 5 列和第 9 列结果在本节中将不讨论(在 5.5.5.2 节中讨论)。

表 5.4 在输入查询前缀长度 1 至 5 上,各种查询推荐算法模型性能指标

#p	AOL				MSN			
	MPC	MPC-R	S-QAC	wS-QAC	MPC	MPC-R	S-QAC	wS-QAC
1	0.408 6	0.414 3	0.422 1	**0.428 7**[7]	0.397 6	0.403 7	0.410 4	**0.419 5**[7]
2	0.431 5	0.440 1	0.448 5	**0.456 1**[7]	0.411 5	0.419 6	0.427 7	**0.436 9**[7]
3	0.458 2	0.467 2	0.476 6	**0.484 5**[7]	0.438 6	0.447 8	0.458 3[7]	**0.467 9**″
4	0.488 6	0.498 6	0.509 4[7]	**0.518 2**[7]	0.460 2	0.469 1	0.481 0[7]	**0.490 6**″
5	0.520 4	0.531 1	0.543 5[7]	**0.553 6**″	0.487 9	0.498 3	0.512 2[7]	**0.521 4**″

从表 5.4 可知,模型 MPC-R 的结果一直比另一模型 MPC 要好,MPC-R 的 MRR 指标值要比 MPC 要高 2%,这意味着,在基于用户查询词频率的查询推荐排序算法中,采用基于近期一段时间内查询词的频率排序比基于整个历史数据中查询词的频率排序实验性能要更高。当考虑了查询字之间的语义相似度后,本章提出的 S-QAC 算法能获得相比 MPC-R 算法更高的 MRR 值。具体而言,在数据集 AOL 上,相比 MPC-R 模型,S-QAC 模型的 MRR 指标平均提高了约 2.2%。另外我们发现,当输入查询前缀长度为 4 或者 5 时,S-QAC 模型相对 MPC-R 模型的 MRR 指标提高在显著性水平 $\alpha = 0.05$ 上是显著的。此外,当随着查询输入前缀长度的增加,S-QAC 模型相对 MPC-R 模型的 MRR 指标提高也在不断地扩大。原因在于:当输入查询前缀更长时,用户的查询词更有可能包含多个查询字,这将有利于计算查询词中各个查询字之间的语义相似度,从而有助于提高本章提出模型的性能。

在 MSN 数据集上,我们得到了与在数据集 AOL 上类似的实验结果,即 S-QAC 模型性能相比 MPC-R 模型和 MPC 模型的性能要高,MPC 模型在三个模型中性能相对最差。与在 AOL 数据集上实验结果不同的是,在 MSN 数据集上,当输入前缀长度为 3 时,S-QAC 模型相比 MPC-R 模型的 MRR 指标提高在显著性水平 $\alpha = 0.05$ 上是显著的。总的来说,各个模型在 MSN 数据集上的 MRR 指标要比其在 AOL 数据集上的指标值要低,其原因可能是由于两个信息检索系统的特征差异导致。

5.5.5.2 查询字时效性频率对模型性能影响

本节我们将研究时效性查询字频率对查询推荐模型性能的影响,为此我们提出 wS-QAC 模型,该模型同时考虑了查询字的时效性频率和查询字之间的语义相似度。在表 5.4 中给出了 wS-QAC 模型的实验结果,我们将主要比较 wS-QAC 模型和 S-QAC 模型的性能差异。

从表 5.4 可知,在不同的查询输入前缀长度下,在数据集 AOL 和数据集 MSN 上,wS-QAC

模型比 S-QAC 模型的 MRR 指标有少量的提高,同时 wS-QAC 模型在不同的测试环境下,是所有模型中性能最佳的。此外无论是在数据集 AOL 还是在数据集 MSN 上,wS-QAC 模型的 MRR 指标相比 MPC-R 模型的 MRR 指标的提高都是显著的。比如,在数据集 AOL 上,当输入查询前缀长度#p=5 时,wS-QAC 模型 MRR 指标相比 MPC-R 模型 MRR 指标的提高在显著性水平 α=.01 上是显著的,而在其他输入查询前缀长度#p=1,2,3,4 时,MRR 指标的提高在显著性水平 α=0.05 上是显著的;而在数据集 MSN 上,wS-QAC 模型的效果更佳,当输入查询前缀长度#p=3,4,5 时,其 MRR 指标相比 MPC-R 模型 MRR 指标的提高在显著性水平 α=0.01 上是显著的,而在其他输入查询前缀长度#p=1,2 时,MRR 指标的提高在显著性水平 α=0.05 上是显著的。这说明 wS-QAC 模型在数据集 MSN 上相比其他查询推荐模型优势更明显,同时基于查询字时效性频率的方法有利于将用户最有可能提交的查询排在查询推荐列表的靠前位置,因而获得更高的 MRR 值。

为了进一步分析各个查询推荐算法的实验性能优劣,我们统计了 wS-QAC 模型分别与 MPC 模型、MPC-R 模型和 S-QAC 模型在所有测试查询前缀中生成更好、相等和更差的查询推荐排序的比率。我们在不同的查询输入前缀长度上进行了分析,并将结果统计于表 5.5 中。

表 5.5 在数据集 AOL 和 MSN 上,wS-QAC 模型性能与其他三个模型性能比较

#p		MPC			MPC-R			S-QAC		
AOL	1	16.34	25.27	58.39	18.13	26.17	55.70	30.12	32.02	37.86
	2	16.71	26.32	56.97	17.92	27.43	54.65	29.38	32.63	37.99
	3	16.53	28.39	55.08	18.24	29.08	52.68	29.67	33.21	37.12
	4	16.82	29.02	54.16	17.98	29.64	52.38	30.04	33.84	36.12
	5	16.95	29.94	53.11	18.13	30.17	51.70	29.72	34.28	36.00
MSN	1	15.49	26.33	58.18	16.64	31.27	52.09	26.48	30.20	43.32
	2	15.73	27.48	56.79	17.02	32.16	50.82	26.84	30.94	42.22
	3	15.64	28.96	55.40	16.83	33.67	49.50	27.03	31.56	41.41
	4	15.81	30.07	54.12	17.60	35.14	47.26	26.89	32.18	40.93
	5	15.69	31.24	53.07	17.73	36.08	46.19	27.12	33.04	39.84

对于单个的查询输入前缀,各个算法生成一个查询推荐排序列表,结合用户最终提交的查询,获得衡量指标值 RR。我们统计 wS-QAC 模型分别与 MPC 模型、MPC-R 模型相比,在所有测试输入前缀实验中,获得更高、相等或者更低 RR 值的比例。表 5.5 中,深灰色背景的数字表示 wS-QAC 比对应模型获得较低 RR 值的比率;白色背景的数字表示 wS-QAC 与对应模型获得相同 RR 值的比率;而浅灰色背景的数字表示 wS-QAC 比对应模型获得较高 RR 值的比率。

通过表 5.5 可知,与 MPC 模型和 MPC-R 模型相比,wS-QAC 模型在绝大部分测试的查询前缀上,能生成更好的查询推荐列表,即 wS-QAC 模型可以将用户最终提交的查询返回在查询推荐列表的靠前位置。比如,在 AOL 数据集上,wS-QAC 在所有查询前缀长度上都赢得了超过 50% 的比率。然而在 MSN 数据集上,在部分的查询前缀长度上,比如#p=3,4,5,wS-QAC 模型与 MPC-R 模型相比赢得了低于 50% 的比率。我们同时发现,当查询前缀长度#p 增加时,比较结果中,出现了更多相同 RR 的情况。出现模型间获得相同 RR 情况的原因在于,所有的查询

推荐排序模型都生成了类似的查询排序列表,同时都将用户最终提交的查询返回在查询推荐列表的靠前位置,比如1或者2。同样,比较 wS-QAC 模型和 S-QAC 模型的性能,如表5.5的第9至11行所示,wS-QAC 赢取了较多的比率,尤其在数据集 MSN 上。就总的 MRR 指标来说,在数据集 AOL 上,wS-QAC 模型比 S-QAC 模型提高了近1.6%,而在数据集 MSN 上,wS-QAC 模型比 S-QAC 模型提高了近2%。这意味着,基于查询字时效性频率的查询推荐排序方法能在基于语义相似度的查询推荐排序方法基础上,进一步提高查询推荐排序模型的性能。

5.5.5.3 参数敏感性分析

最后,在本节中,我们研究了公式(5.19)中权衡参数 ω 对模型(S-QAC 模型和 wS-QAC 模型)性能的影响。通过手动调节参数 ω 的值,以0.1为步长,从0变化至1,我们研究了两个模型在数据集 AOL 和数据集 MSN 上的实验性能,并在图5.5中给出了比较结果。

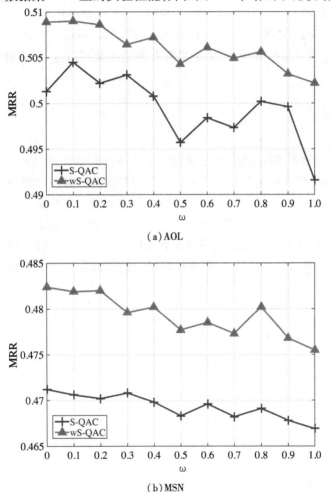

图5.5 数据集 AOL 和 MSN 上,S-QAC 模型和 wS-QAC 模型在不同 ω 值下的性能评估

由图5.5可知,参数 ω 对 S-QAC 模型和 wS-QAC 模型的查询推荐排序性能确实有影响,比如说,在数据集 AOL 上,参数 ω 对 S-QAC 模型的性能影响较大,MRR 值随着参数 ω 的变化浮动较明显;而参数 ω 对 wS-QAC 模型的性能影响相对较小。类似的现象在 MSN 数据集上的也能发现。另外我们还发现,在数据集 MSN 上,wS-QAC 模型和 S-QAC 模型的性能差距较大,这表明在数据集 MSN 上,查询字的时效性频率对查询推荐排序性能的影响较大。

总的来说,在数据集 AOL 和数据集 MSN 上,对于两个查询推荐排序模型,即 wS-QAC 模型和 S-QAC 模型,相对较小的 ω 值,比如 $0 \leqslant \omega \leqslant 0.4$,能使得模型的性能更好,即获得相对较高的 MRR 值;而当 ω 值较大时,比如 $0.6 \leqslant \omega \leqslant 1$,wS-QAC 模型和 S-QAC 模型的 MRR 指标相对较低。另外,随着 ω 值的增大,两个模型的 MRR 指标值相对降低。这表明,当计算查询字之间的语义相似度时,使用用户查询记录训练产生的 Skip-Gram 模型相比于使用 Google-News 训练产生的 Skip-Gram 模型,获得的语义相似度更有利于查询推荐性能的提高。换而言之,为了计算语义相似度,用户的查询记录比大规模的纯文本更有利于训练出可靠的 Skip-Gram 模型来预测用户可能提交的查询。我们分析其原因在于,对于查询,通常较短,而纯文本中,通常以句子形式存在,且较长。因此,如果两个字频繁出现在查询词中,则说明这两个查询字存在很强的语义相似度。当 $\omega = 1$ 时,wS-QAC 模型和 S-QAC 模型的 MRR 指标达到最小值,这进一步验证,当只采用大规模纯文本训练 Skip-Gram 模型时,实验效果相对较差,但是如果只采用查询记录来训练 Skip-Gram 模型,即 $\omega = 0$ 时,wS-QAC 模型和 S-QAC 模型的 MRR 指标也并非最高,这可能是因为查询记录相对较小,无法获取准确的语义相似度,这正好由大规模纯文本得以补偿。

5.6　本章小结

　　本章研究了查询推荐排序方法,主要通过考虑查询字时效性的频率和查询字之间的语义相似度,基于 Markov 模型,提出了基于语义相似度和时效性查询频率的查询推荐排序算法,并通过在用户查询记录数据集上的实验,与传统的查询推荐排序进行实验比较,验证了本书算法的有效性,比传统的基于查询词频率的查询推荐排序的 MRR 指标具有较大提高。下一步工作,我们将研究其他因子对查询推荐排序算法性能的影响。另外,我们计划将本章提出算法与 Learning-to-rank 机器学习算法相结合,生成稳定可靠的查询推荐排序模型,来进一步提高查询推荐排序的性能。

6 基于贪婪算法的多样化查询推荐排序模型

6.1 引言

查询推荐方法旨在返回一组查询推荐供用户选择,使满足用户查询意图的查询推荐排在查询推荐列表的靠前位置。此类模型的主要目的在于将用户最有可能用到的查询词排在给用户的查询推荐列表的靠前位置,从而便于用户选择,完成查询的构建。然而,信息检索系统能返回给用户的查询推荐列表中查询推荐候选词的个数有限,比如,Google 只能返回 4 个查询推荐,Bing 能返回 8 个查询推荐,等等。于是,在返回给用户的查询推荐列表中,如果存在过多的冗余查询推荐,即不同的查询推荐表示相同或类似的查询意图,用户能在查询推荐列表中找到一个满意的查询推荐的可能性就降低。因此,在本章中,我们提出了基于贪婪算法的多样化查询推荐排序模型(greedy query selection model,GQS)。我们目的在于既将用户最可能提交的查询排在查询推荐列表的靠前位置,还将降低查询推荐排序列表的冗余度。

具体而言,我们在查询词主题层次上实现查询推荐列表的多样化。根据用户在当前信息检索任务下,提交的若干查询预测用户的查询意图,然后当用户继续输入查询前缀时,使用户在查询推荐列表中能找到至少一个满足其查询意图的查询推荐的可能性达到最大化。我们在实际的信息检索用户查询记录数据集上进行实验,与传统的查询推荐排序算法进行比较,验证了本章提出的基于贪婪算法的多样化查询推荐排序模型的有效性。采用不同的衡量指标来评估查询推荐排序算法的性能,包括采用 MRR 来衡量查询推荐排序的准确性以及采用 α-NDCG(α-normalized discounted cumulative gain)来衡量查询推荐排序列表的多样化。

6.2 问题描述

我们首先描述查询推荐多样化问题。给定

(1)在一个信息检索任务中,用户一共提交了 T 个查询,分别为 $\{q_1, q_2, \cdots, q_T\}$。

(2)针对用户的最后一个查询,即 q_T,用户输入其查询前缀 p,返回一组包含若干查询推荐的列表 R_I,且 $|R_I| = k_I$,即 R_I 中包含 k_I 个查询推荐。

(3)用户在最后一个查询之前的查询记录 C,由一组查询构成,即 $\{q_1, q_2, \cdots, q_{T-1}\}$。

(4)在当前查询记录已知的条件下,用户查询意图 i 的概率分布,即 $P(i|p, C)$。

(5)查询推荐列表中查询 q_C 能满足查询意图 i 的可能性,即 $S_v(q_C|p, i, C)$。

基于以上信息,查询多样化问题就是返回用户一个重新排序了的查询推荐列表 R_R,包含 k_R 个查询推荐,即 $|R_R| = k_R$ 且 $k_R \leqslant k_I$,使得

$$P(R_R | p, C) = \sum_i P(i | p, C) \left\{ 1 - \prod_{q_c \in R_R} [1 - S_v(q_c | p, i, C)] \right\} \qquad (6.1)$$

最大化。

上述目标函数旨在使得输入查询前缀 p 的用户,能在信息检索系统返回的包含 k_R 个查询推荐的查询推荐列表中,找到至少一个满意的查询推荐。与此同时,使得返回的查询推荐列表尽量包含不同主题的查询推荐。为了实现这一目的,本章提出的贪婪算法每一次从 $R_I \backslash R_R$ 集合中选取一个查询推荐放入 R_R。选择查询推荐的依据是,它与先前选入 R_R 的查询推荐最不相同,这样能使得查询推荐列表多样化,同时又与用户的查询意图最接近,这样最有可能被用户提交。因此,我们通过迭代,每次选择一个最符合要求的查询推荐 $q^\diamond \in R_I \backslash R_R$,满足

$$q^\diamond \leftarrow \arg \max_{q_c \in R_I \backslash R_R} \sum_i P(q_c \mid p, i, C) \prod_{q_s \in R_R} [1 - P(i \mid p, q_s, C)] \qquad (6.2)$$

将 $q^\diamond$ 排入列表 R_R 中,直到 $|R_R| = k_R$。其中,$P(q_c|p,i,C)$ 表示在查询意图 i 和当前查询记录 C 下,输入查询前缀 p 后提交查询推荐 q_c 的可能性;而 $P(i|p,q_s,C)$ 表示已经选择至排序列表 R_R 的查询推荐 q_s,在当前查询记录 C 下,输入查询前缀 p 后能满足用户查询意图 i 的概率。因此根据公式(6.2)依次选取查询,形成查询推荐排序列表,最终实现查询推荐的多样化。

6.3 相关工作分析

6.3.1 多样化查询推荐方法

多样化查询推荐方法旨在使得查询推荐列表包含更多不同主题的查询推荐。比如,Ma 等[132]提出一种查询推荐模型,通过该模型,语义相似的查询以及包含不同主题的查询将被推荐给不同的用户。在该模型中,首先构造查询和点击文档的双向图,然后在该双向图上采用 Markov 随机模型来选择不同的查询。通过这种方法避免了语义相似的查询被同时推荐给用户并排在查询推荐列表的靠前位置。然而在该方法中,如何处理查询和点击文档双向图的稀疏问题将面临不少挑战。为了解决该问题,Song 等[133]提出了通过最大化查询推荐所对应的检索结果来对查询推荐重新排序,实现查询推荐的多样化,他们发现这种方法,能够极大地提高查询推荐的准确度,即能将用户最终提交的查询返回在查询推荐列表的靠前位置。

除了通过查询图来获取查询推荐之外[132],Li 等[134]在查询词的概念层次,来多样化查询推荐,通过一个概率模型,选取包含不同查询概念的查询推荐,从而实现查询推荐的多样化。为了避免查询推荐的冗余度,Santos 等[135]通过挖掘用户的查询记录,认为出现在同一个信息检索任务下的查询之间比较相似,或者点击了同一个文档的查询之间比较相似,采用这种方法将相似的查询推荐尽可能地排除在查询推荐列表之外,实现查询推荐的多样化。Kharitonov 等[136]则通过获取用户在当前信息检索任务下的历史查询和文档点击记录,来预测用户的查询意图,从而多样化查询推荐。

除此之外,Kim 和 Croft[107]提出了一种专门针对某个领域用户的多样化查询推荐模型,来帮助用户构建出富含更多主题的查询推荐,该模型首先识别各个查询推荐的主题,然后通过多样化识别出的主题来多样化查询推荐。Jiang 等[137]则提出了一种个性化的多样化查询推荐方法,他们首先在查询记录中构建查询和文档的关系图,然后在该关系图上挖掘查询和文档之间的结构特征,最后根据这个结构特征来实现既个性化又多样化的查询推荐。

总的来说,查询推荐的多样化模型主要依赖于查询记录[138,139],比如,在查询的主题层次实现多样化,然后再逆向实现查询推荐的多样化;再比如,在查询对应的文档层次实现多样化,然后再逆向实现查询推荐的多样化。

6.3.2 多样化信息检索方法

多样化信息检索方法与多样化查询推荐方法模型具有很大的相似性,本节我们将概述在

多样化信息检索方法领域相关的模型[140,141]。

在多样化信息检索方法中,文献[142]提出的 MMR(maximal marginal relevance)模型是最早一个解决网页结果多样化的模型。在这个模型中,当对检索结果进行排序时,既要考虑检索结果与查询的相似度,又要考虑检索结果之间的多样性。此外,在多样化信息检索方法中,普遍通过多样化文档的主题来实现检索结果的多样化。比如,Zhai 等[143]提出在文档主题的下一个层次上,即文档子主题,实现文档子主题的多样化,从而实现检索结果的多样化。Santos 等[144]通过识别用户的查询意图,进而根据识别出的查询意图来实现检索结果的多样化。Santos 等[145]则提出一种 xQuAD 模型,通过提取原始查询的子查询,即原始查询中的部分查询字构成的查询,来判断查询对应的主题,根据这些主题跟踪到信息检索结果,并实现检索结果的多样化。Vargas 等[146]则通过引入一种隐式反馈模型提出基于用户查询意图的多样化信息检索方法。该方法能准确定位用户的查询意图,将相关的检索结果返回在检索结果列表的靠前位置,同时能移除相似的检索结果。

随着个性化信息检索方法的提出,近些年,个性化信息检索模型也被应用在多样化信息检索方法中,形成个性化的多样化信息检索方法。比如,Radlinski 和 Dumais[147]通过挖掘用户在当前信息检索任务下的查询重构行为,来估计用户的查询意图,对信息检索系统返回的初始结果进行重新排序,采用多样化的模型,使得与用户意图相关的结果排在返回结果列表的靠前位置,同时使得返回结果能包含尽可能多的主题。Vallet 和 Castells[148]则通过将用户作为一个隐式的随机变量,有效地整合到个性化和多样化模型中,提出了一个规范化的模型来同时实现信息检索结果的个性化和多样化。其他的多样化信息检索方法包括基于概率模型的多样化方法[149],基于查询依赖性的多样化方法[150],文本层次的多样化方法[151,152]以及 PM-2 模型[153]等,虽然这些模型的目的在于多样化查询结果,但是模型中涉及的原理思想将有利于多样化查询推荐的发展。

6.4 基于贪婪算法的多样化查询推荐排序模型

6.4.1 多样化查询推荐排序算法

为了估计公式(6.2)的概率 $P(q_c|p,i,C)$,我们通过挖掘查询推荐的近期的查询频率以及查询推荐与当前检索任务下先前提交的查询记录 C 的在查询意图上的相似度来衡量,并采用一个权衡参数 $\lambda(0 \leqslant \lambda \leqslant 1)$ 控制两者的贡献来计算最后的概率值,即

$$P(q_c \mid p,i,C) = \lambda P(q_c \mid p) + (1 - \lambda) P(q_c \mid i,C) \tag{6.3}$$

其中,$P(q_c|p)$ 通过查询推荐 q_c 的频率估计而得,$P(q_c|i,C)$ 通过计算查询推荐 q_c 与查询记录 C 的在查询意图 i 上的相似度而得。同时我们假设查询记录中,各个查询是相互独立的,于是,我们进一步有

$$
\begin{aligned}
P(q_c \mid p,i,C) &= \lambda P(q_c \mid p) + (1 - \lambda) P(q_c \mid i,C) \\
&= \lambda P(q_c \mid p) + (1 - \lambda) P(q_c \mid i,q_1,q_2,\cdots,q_{T-1}) \\
&= \lambda P(q_c \mid p) + (1 - \lambda) \prod_{q_t \in C} P(q_c \mid i,q_t)
\end{aligned}
\tag{6.4}
$$

与查询推荐相关的概率 $P(q_c|p)$ 可以通过统计查询推荐在所有用户查询记录中提交的次数,采用最大似然估计法估计而得,即

$$P(q_c \mid p) = \frac{f(q_c)}{\sum_{q \in R_I} f(q)} \tag{6.5}$$

其中，$f(q)$ 表示查询推荐 $q \in R_I$ 的查询次数。公式(6.4)中的概率 $P(q_c \mid i, q_t)$ 能够直接通过查询推荐 q_c 和先前查询记录 q_t 之间的距离来衡量，即

$$P(q_c \mid i, q_t) = \omega_t \times \left(1 - \frac{|q_c(i) - q_t(i)|}{\text{dis}(q_c, q_t)} \right) \tag{6.6}$$

其中，函数 $\text{dis}(q_c, q_t)$ 返回查询推荐 q_c 和先前查询记录 q_t 之间的欧氏距离；ω_t 是一个归一化的衰退因子，由查询之间的时间间隔引入，由于时间接近的查询之间，其查询意图越接近，且 $\sum \omega_t = 1$。具体而言，我们通过

$$\omega_t \leftarrow norm(f^{TD(q_t)-1}) \tag{6.7}$$

来计算参数 ω_t，其中 f 是一个衰退因子，$TD(q_t)$ 表示查询推荐 q_c 和先前查询记录 q_t 之间的时间间隔，比如对于当前检索任务下查询记录 C 中的最后一个查询 q_{T-1}，有 $TD(q_t) = 1$。在概率计算过程中，所有的查询，比如 q_c 和 q_t 等，都采用查询在主题上的分布向量来表示，这将在6.4.3节中通过矩阵分解来获取。因此这些概率值能提前计算，而不需要损耗系统在线测试时的大量资源。

在公式(6.2)中，概率 $P(i \mid p, q_s, C)$ 表示选入查询推荐排序列表的查询推荐 $q_s \in R_R$ 满足用户查询意图 i 的可能性，这可以通过用户的所有历史查询浏览记录来估计。根据先前研究[154]，假设用户的查询意图与用户输入的查询前缀是相互独立的，因此，公式(6.2)中的 $P(i \mid p, q_s, C)$ 可以简化为

$$P(i \mid p, q_s, C) = P(i \mid q_s, C) \tag{6.8}$$

这意味着，一个查询推荐能满足用户查询意图的概率，由查询推荐与当前检索任务下的先前查询的查询意图的相关度决定。因此，根据

$$P(i \mid q_s, q_t) \propto P(q_s \mid i, q_t) \tag{6.9}$$

我们有

$$P(i \mid p, q_s, C) \propto \prod_{q_t \in C} P(q_s \mid i, q_t) \tag{6.10}$$

其中，概率 $P(q_s \mid i, q_t)$ 的计算方法与公式(6.4)中概率 $P(q_c \mid i, q_t)$ 的计算方法相同。通过这种方式，我们可以一步步地从查询候选列表 R_I 中，逐个选择查询推荐至查询推荐列表 R_R 中，直至 R_R 达到查询推荐个数的上限 $|R_R| = k_R$。

此外，当从查询推荐列表 R_I 中逐个选择查询推荐至推荐列表 R_R 时，我们首先需要初始化查询推荐列表 R_R，即从查询推荐列表 R_I 中选择第一个查询推荐至查询推荐列表 R_R。因此我们需要对查询推荐列表 R_I 中每个查询推荐计算一个得分，然后选择得分最高的查询推荐来初始化查询推荐列表 R_R，即

$$R_R \leftarrow q_* = \arg\max_{q_c \in R_I} \text{Score}(q_c) \tag{6.11}$$

其中，用于计算选择初始化的查询推荐 q_* 的方法同时考虑了查询推荐的查询频率以及查询推荐与当前查询记录之间的语义相似度，即

$$\text{Score}(q_c) = \gamma \cdot \text{MPCscore}(q_c) + (1 - \gamma) \text{Semscore}(q_c) \tag{6.12}$$

其中，$\text{MPCscore}(q_c)$ 是基于查询频率的得分，而 $\text{Semscore}(q_c)$ 是基于语义相似度的得分。我们通过 Word2vec 模型[127,128]来计算查询词之间的语义相似度。由于 $\text{MPCscore}(q_c)$ 和

Semscore(q_c)两个得分采用不同尺度来计算,因此在叠加之前需要归一化。因此,对于查询推荐列表 R_I 中的每个查询推荐 q_c,其 MPCscore(q_c) 得分为:

$$\text{MPCscore}(q_c) \leftarrow \frac{f(q_c) - \mu_T}{\sigma_T} \tag{6.13}$$

其中,$f(q_c)$ 给出的是为查询推荐列表 R_I 中查询推荐的查询频率,μ_T 和 σ_T 分别为查询推荐列表 R_I 中查询推荐频率的均值和方差。与此类似,查询推荐的语义相似度得分 Semscore(q_c) 为

$$\text{Semscore}(q_c) \leftarrow \frac{\text{Semantic}(q_c) - \mu_s}{\sigma_s} \tag{6.14}$$

其中,μ_s 和 σ_s 分别为查询推荐列表 R_I 中查询推荐与当前查询记录之间语义相似度的均值和方差。另外,查询推荐 q_c 与当前查询记录 C 之间语义相似度可以通过如下表达式计算:

$$\text{Semantic}(q_c) = \frac{1}{T - 1} \sum_{q \in C} \text{Sim}(q_c, q) \tag{6.15}$$

其中,函数 Sim(q_c, q) 返回的是向量 $\boldsymbol{q}_c$ 与向量 $\boldsymbol{q}$ 之间的余弦相似度,通过

$$\text{Sim}(q_c, q) = \cos(q_c, q) = \frac{1}{N_1 \times N_2} \sum_{w_i \in q_c, w_j \in q} \cos(w_i, w_j) \tag{6.16}$$

计算而得,其中 N_1 表示查询 q_c 中查询字的个数,N_2 表示查询 q 中查询字的个数。查询词 q 中的查询字 w 的向量表征直接通过 Word2vec 模型训练而得。至此,本章提出的基于贪婪算法的多样化查询推荐排序方法的主体部分已经给出,在后续章节中,我们将主要描述查询推荐在查询主题上的概率分布,从而计算公式(6.2)中每个查询推荐的最终得分,便于查询推荐的选择排序。

6.4.2 基于 ODP 判断用户查询意图

在本节中,我们提出利用 ODP(open directory project)根据用户递交查询后的点击浏览文档记录来检测识别用户的查询意图,该策略检测识别用户在多个不同主题上的查询意图,也就是用户查询意图与不同主题的相关概率。这些查询点击记录是信息检索系统实际用户的真实行为记录,已经被广泛应用于预测查询和点击文档相关度。

基于 ODP 检测识别用户的查询意图关键在于构建一个包含所有查询和所有 ODP 主题之间的相关度矩阵 QC_{ini}。该过程分为两步:第一步是从用户的查询浏览记录中,统计并构建查询和点击文档的双向图,通过这种方式,对于每一个查询,我们可以得到递交该查询后,所有用户点击浏览的文档(URL)集合;第二步则是根据 ODP,对所有的文档采用 ODP 中的主题进行标记,在这之后,我们通过累加一个查询对应点击浏览文档的所有主题及其次数,来推断提交的查询与 ODP 各个主题之间的相关度。通过这种方式,我们对每个查询可以用一个向量来表示,向量中每个元素表示该查询与 ODP 主题之间的相关度。我们用整数 $n_e(q, d, a)$ 表示查询 q 与 ODP 主题 a 之间的相关度标记,其通过以下方式获得:

$$n_e(q, d, a) = \sum_{url \in U_q} J(url, a) \times f(q, d) \tag{6.17}$$

其中,U_q 包含查询 q 所对应的所有点击文档 d 的集合。$J(url, a)$ 为标识符,即如果 $J(url, a) = 1$,表示点击的文档 url 被 ODP 标记为与主题 a 相关;反之如果 $J(url, a) = 0$,则表示点击的文档 url 被 ODP 标记为与主题 a 不相关。$f(q, d)$ 表示在所有的用户查询浏览记录中,用户在提交查询 q 之后,点击文档 d 的次数。通过上述方法,我们将每个文档 d 标记成与不同 ODP 主题的相关度,进而标记查询与 ODP 主题的相关度。在实验中,与先前研究[155]方法类似,我们

对查询与主题的相关度标记分为五个不同的等级,即完全相关、很相关、一般相关、略相关和不相关,我们通过

$$n_e(q,d,a) \leftarrow \min\{n_e(q,d,a)\ ,4\} \tag{6.18}$$

使得这五个等级分别对应 $n_e(q,d,a) \in \{0,1,2,3,4\}$。

通过以上方法,我们能采用数字 0,1,2,3,4 来标记数据集中部分的查询与 ODP 主题之间的相关度。而对于数据集中的部分查询,比如 q_1,我们无法获取其点击文档,从而无法找到相关的 ODP 主题。为了解决该问题,我们首先找到数据集中与 q_1 最相似的查询 q_2,且 q_2 能通过上述标记方法被 ODP 主题标记相关度,我们通过语义相似度(semantic similarity)来寻找与 q_1 最相似的查询 q_2,两个查询 q_1 与 q_2 之间的语义相似度采用 Word2vec 模型[127,128]来计算衡量:

$$\text{SemSim}(q_1,q_2) = \frac{1}{|q_1| \times |q_2|} \sum_{w_i \in q_1} \sum_{w_j \in q_2} \text{Word2vec}(w_i,w_j) \tag{6.19}$$

其中,w_i 是查询 q_1 中的某个查询字,w_j 是查询 q_2 中的某个查询字。通过这种方式,我们可以建立一个查询与 ODP 主题的相关度矩阵。在这个矩阵中,每个查询至少能用一个 ODP 主题来标记相关度。但该矩阵还是一个稀疏矩阵,即对于每个查询,只有少量的 ODP 主题与其相关度为非零值,而其他主题与其的相关度为零(ODP 主题数量较多,本实验中有 512 个主题)。但是为了计算公式(6.4)和公式(6.10)中的那些概率值,我们需要采用一个概率值近似这个查询与 ODP 主题相关度矩阵中的零元素,取而代之的是一个进行光滑处理后的浮点数。因此我们在 6.4.3 节中采用矩阵分解技术,来生成每个查询在 ODP 主题上的相关度分布,来克服矩阵的稀疏问题。

6.4.3 基于 BPMF 的查询主题概率分布

由于信息检索系统用户的查询通常较短,只有少量查询字构成,比如说在 AOL 数据集和 MSN 数据集上,大部分查询词仅由少于三个查询字构成(见 6.5.2 节数据集分析),因此只基于查询词本身来估计查询意图的主题存在一定难度;而由于查询对应的点击文档通常较长,可以通过查询点击文档对应的主题来反向推断查询的主题[156],这正是 6.4.2 节描述的基于 ODP 构建查询与主题相关度矩阵的目的所在。

为了计算 6.4.1 节中涉及的用于查询推荐排序的概率,比如查询与主题的相关度概率等,我们将在 6.4.1 节中构建的查询与主题相关度矩阵中的零元素移除,这些零元素表明对应的查询和 ODP 主题之间没有直接的相关度关系。因此,在本章算法中,我们采用 BPMF(bayesian probabilistic matrix factorization)[101]来获取每个查询 q 在所有主题上的相关度概率分布。我们将 BPMF 方法直接应用于查询与主题的相关度矩阵上,来生成一个查询与主题相关度的近似矩阵,在这个查询与主题相关度的近似矩阵中,所有的元素(包括零元素和其他非零元素)被一个近似的浮点数取代,表示对应查询与主题的相关度概率。通过这种方法,数据的稀疏问题得以解决。在该方法中,最初的查询与主题的相关度矩阵被近似为

$$QC_{ini} \leftarrow QC_{approx} = Q_{N_q \times k_f} \times C'_{M_c \times k_f} \tag{6.20}$$

其中,$Q_{N_q \times k_f}$ 分别表示 $C_{M_c \times k_f}$ 查询和主题的隐式特征矩阵, N_q , M_c 和 k_f 分别表示查询、主题和隐式特征的个数。BPMF 方法主要基于一个 EM 算法来获取一个近似矩阵,其具体过程已在 4.4.2 节和相关文献[101,102]中描述。通过 BPMF 方法后,用于多样化用户查询推荐模型的概率,即 6.4.1 节中描述的相关概率,比如公式(6.6)中的概率 $P(q_c|i,q_t)$ 和公式(6.10)中的概率 $P(q_s|i,q_t)$ 等,能够从查询与主题相关度的近似矩阵即公式(6.20)中获取,从而避免了零概率的发生,这样每个查询都用一个在所有主题上的相关度概率分布向量来表示,便于计算查询

之间的距离和相似度等。

6.5　实验结果与分析

6.5.1　实验研究问题

本章主要解决的研究问题包括：

（1）RQ1：本章提出的多样化查询推荐排序贪婪算法能否提高查询推荐的排序质量，即将用户的查询返回在查询推荐排序列表的靠前位置来获得更高的 MRR 指标？同时，能否使得查询推荐排序列表包含更多的主题，即多样化查询推荐排序列表来获得更高的 α-NDCG 指标？

（2）RQ2：在不同长度的用户查询前缀下，本章提出的基于贪婪算法的多样化查询推荐排序模型性能有何变化？

（3）RQ3：公式（6.4）中的权衡参数 λ 对本章提出的基于贪婪算法的多样化查询推荐排序方法的性能有何影响？

6.5.2　实验数据集

与 5.5.2 节类似，我们还是在公开的 AOL 数据集[129]和 MSN 数据集[130]上进行实验。数据集的分割方法也相同，将两个数据集都分成两份，根据时间跨度，前面 75% 的数据作为训练集，余下的 25% 的数据作为测试集。另外，我们对数据集进行了预处理，包括移除了大量的导航类查询，这些查询包含一些 URL 中常出现的字符串，如.com，.net，.org，http，.edu，www 等等，同时也移除了包含特殊字符查询短语，比如 &，$，#等。除此之外，我们根据用户在信息检索过程中行为划分不同的检索任务，比如用户在 30 分钟内毫无行为变化，我们则认为用户的当前信息检索任务已经完成。

由于本章讨论的多样化查询推荐排序问题，需要用户在当前信息检索任务下的历史查询记录，因此，那些只包含单个查询的信息检索任务被移除。用测试的数据集和用户的输入查询前缀为当前信息检索任务下最后一个查询的前 1 至 5 个字符。为了获取训练数据集和测试数据集，我们首先模拟用户输入一个查询前缀，然后通过 MPC 模型[10]返回 10 个查询推荐，如果用户最终的提交查询不在这 10 个返回的查询推荐中，我们将移除这样的样本，因为无论模型如何重新排序这 10 个查询推荐，都无法比较性能优劣，这种预处理方法在查询推荐排序中被广泛使用[10,11,13,34]。

表 6.1 给出了用于多样化查询推荐排序的 AOL 数据集和 MSN 数据集的统计信息，由表 6.1可知，采用本章的查询与主题相关度的标记方法，AOL 数据集中接近 65% 的查询能被 ODP 主题标记而 MSN 数据集中则相对较少，接近 35%。在完成一个信息检索任务下，AOL 用户提交的查询数目（≈ 3.3）要比 MSN 用户提交的查询数目（≈ 5.5）相对少。这表明，在 MSN 数据集中，用于预测用户当前信息检索意图的查询记录相对较多。

除此之外，我们对两个数据集进行了更细致的分析。我们在图 6.1 中给出了数据集中信息检索任务中查询个数以及查询长度的比率分布的比率分布。如图 6.1（a）所示，两个数据集中，接近一半的信息检索任务只包含两个查询，同时大部分信息检索任务中查询的数目少于4，比如在 AOL 数据集中为 77.3% 而在 MSN 数据集中为 81.2%。至于数据集中查询的长度，如图 6.1（b）所示，超过 90% 的查询最多只有三个查询字构成，说明绝大部分查询都很短，因此直接通过查询来估计查询意图存在难度。于是我们通过查询点击文档来估计查询意图，该方法已被证明能有效预测用户的查询意图[72]。

表 6.1　用于多样化查询推荐排序的 AOL 数据集和 MSN 数据集统计信息

变量	AOL		MSN	
	训练集	测试集	训练集	测试集
# queries	3 808 083	1 571 346	3 784 925	1 402 308
# unique queries	452 980	452 980	304 943	304 943
# labelled unique qs	294 363	294 363	106 794	106 794
# unlabelled unique qs	158 617	158 617	198 149	198 149
# queries / session	3.31	3.38	5.60	5.46
# all prefixes	2 737 681	924 854	1 803 033	551 116
# prefix-1	216 925	74 232	165 503	46 187
# prefix-2	386 029	129 363	274 532	78 530
# prefix-3	605 827	203 963	404 718	114 964
# prefix-4	740 229	249 655	471 442	150 348
# prefix-5	788 671	267 641	486 838	161 087

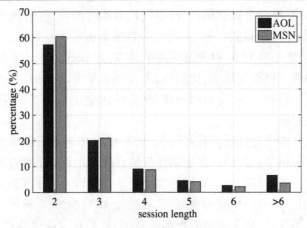

（a）信息检索任务中查询个数的比率分布

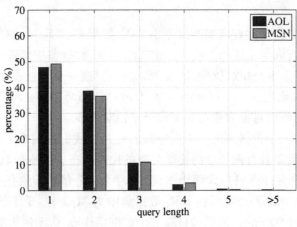

（b）查询长度的比率分布

图 6.1　AOL 和 MSN 数据集中查询长度的比率分布以及信息检索任务中查询个数的比率分布

6.5.3 评价指标与比较方法

与 5.5.3 节类似,我们首先采用 MRR 来评价各个模型生成的查询推荐列表的优劣,即哪个模型能将用户最终提交的查询返回在查询推荐列表的靠前位置。MRR 的计算方法已经在 5.5.3 节中给出。

同时,我们还评价了各个模型生成的查询推荐列表的多样化,我们采用指标 α-NDCG@N 来衡量,该指标已被广泛用来衡量文档检索列表的多样化,其本质上是指标 NDCG[82] 的一个扩展,计算公式如下:

$$\alpha - \text{NDCG@}N = Z_N \sum_{i=1}^{N} \frac{\sum_{a \in A_p} g_{ila} (1 - \alpha)^{\sum_{j=1}^{i-1} g_{jla}}}{\log_2(i+1)} \tag{6.21}$$

其中,a 是主题集合 A_p 中的一个主题;g_{ila} 表示给定一个主题 a,查询推荐列表中第 i 个查询推荐产生的这对该主题的收益;Z_N 是一个归一化因子,它使得一个完美的查询推荐列表的 α-NDCG@N 值达到最大为 1。在本章实验中,我们在 $\alpha = 0.5$ 时计算 α-NDCG@N 的值,这表明生成的查询推荐列表既重视预测用户推荐查询的准确性,又重视推荐查询列表的多样性。

为了比较各种模型的性能优劣,我们选择了以下模型作为比较对象:

(1)MPC 模型[10],该模型根据查询推荐词在用户提交当前查询时,在整个历史数据集中出现的频率,将查询推荐词排序并返回给用户。

(2)MPC-R 模型[11],该模型考虑了查询频率的时间变化性质,根据查询推荐短语在用户进行信息检索提交当前查询时,在前 R 天($R=7$)的查询记录数据集中出现的频率,将查询推荐短语排序并返回给用户。

(3)MMR 模型,一种基于最大化边际相关度[142]的查询推荐排序模型。在该模型中,选择一个查询推荐时,既要考虑其查询频率,又要考虑其与查询推荐列表中已经选择的查询推荐之间的不相关度,并用一个权衡参数 0.5 来计算查询推荐的最终排序得分。

6.5.4 参数设置

在本节中我们给出本章实验中涉及的参数设置。具体如下,我们通过 MPC 模型返回 10 个查询推荐,即 $k_R = k_I = 10$。与先前研究[25]类似,公式(6.7)中的衰退因子 f 取值为 $f = 0.95$,而公式(6.4)中的权衡参数 λ,我们首先设置为 0.5,该参数用于控制估计查询意图时,查询频率和用户当前查询记录两者的贡献比率。其次讨论参数 λ 对模型性能的影响。此外,贝叶斯概率矩阵分解中隐式特征的个数为 10,即 $k_f = 10$。当初始化查询列表时,我们设置公式(6.12)中参数 γ 为 0.5。

6.5.5 实验分析

在本节中,我们将给出本章提出的基于贪婪算法的多样化查询推荐排序方法的性能评估,首先在 6.5.5.1 节中我们比较了各种查询推荐排序算法的总体性能,包括查询推荐的准确率以及查询推荐列表的多样化;然后在 6.5.5.2 节中我们分析了查询前缀长度对本章提出模型的性能影响;最后在 6.5.5.3 节中我们进一步讨论了权衡参数 λ 对本章提出模型的性能影响。

6.5.5.1 查询推荐排序模型性能评估

在本节中我们在数据集 AOL 和数据集 MSN 上展开了实验,并比较了本章提出算法和 6.5.3 节中提到的其他算法的总体性能。我们采用指标 MRR 来衡量查询推荐的准确率,以及采用 α-NDCG@5 和 α-NDCG@10 来衡量查询推荐列表的多样化。我们在表 6.2 和表 6.3 中分别给出了在数据集 AOL 和数据集 MSN 上的实验结果。

在表6.2和表6.3中,其他比较算法中,效果最佳的实验结果我们采用下划线来标注,而所有算法中,效果最佳的实验结果我们采用粗体来表示。由表6.2可知,在数据集 AOL 上,在所有四个查询推荐算法中,本章提出的 GQS 模型的性能最佳,既能准确预测用户的查询,又能多样化查询列表。而在三个比较算法中,总的来说,MMR 模型产生的查询推荐排序列表的 α-NDCG 得分最高,包括 α-NDCG@5 和 α-NDCG@10,这表明 MMR 模型产生的查询推荐排序列表多样化程度最高。例如采用 α-NDCG@5 指标,MMR 模型比 MPC 模型的结果提高超过1%,而与 MPC-R 模型的结果相对接近。当采用 MRR 指标衡量查询推荐准确率时,MMR 模型的结果和 MPC 模型的结果比较接近。原因在于,MMR 模型进行查询推荐排序时一定程度上也考虑查询推荐的频率,导致与 MPC 模型的查询推荐排序准确率相似。此外,在三个比较算法中,MPC-R 模型的 MRR 指标最高,比 MPC 模型和 MMR 模型的 MRR 指标分别高出了近2.3%和2.0%,这说明,在基于查询推荐频率的排序算法中,查询推荐的短期频率将产生更准确的查询推荐列表。

表6.2　各种查询推荐算法在 AOL 数据集上的实验结果

方法	MRR	α-NDCG@5	α-NDCG@10
MPC	0.620 5	0.690 6	0.766 2
MMR	0.622 3	<u>0.698 4</u>	<u>0.771 3</u>
MPC-R	<u>0.635 1</u>	0.695 7	0.770 2
GQS	**0.641 8**	**0.721 1**	**0.798 3**

表6.3　各种查询推荐算法在数据集 MSN 上的实验结果

方法	MRR	α-NDCG@5	α-NDCG@10
MPC	0.634 1	0.705 6	0.772 3
MMR	0.637 8	<u>0.710 2</u>	<u>0.779 4</u>
MPC-R	<u>0.640 8</u>	0.708 3	0.775 6
GQS	**0.667 0**	**0.737 1**	**0.811 7**

而关于本章提出的 GQS 模型性能,与 MMR 模型相比,总的来说,其 MRR 指标提高了近3.1%,α-NDCG@10 指标提高了近3.5%。而且在显著性水平 $\alpha=0.05$ 上,采用 t-test 检测,显示所有的提高都是显著的。这表明,GQS 模型确实能帮助移除查询推荐列表中冗余的查询推荐,从而使得其 MRR 指标相对提高以及 α-NDCG@10 指标提高更加明显。而与 MPC-R 模型相比,GQS 模型的 MRR 指标提高了近1%,但是该 MRR 提高并非显著的;而采用 α-NDCG@5 指标和 α-NDCG@10 指标来衡量,GQS 模型相比 MPC-R 模型的提高在显著性水平 $\alpha=0.05$ 上是显著的。这可能是因为,对于一些测试实例,在查询推荐列表中,被查询推荐算法移除的冗余查询推荐排在用户实际提交查询的后面,这导致对提高 MRR 指标没影响,但对提高 α-NDCG@10 有帮助。

在数据集 MSN 上,如表6.3所示,我们得到了与在 AOL 数据集上类似的实验结果,但是总的来说,各个模型的 MRR 指标和 α-NDCG 指标都比 AOL 数据集上的结果有略微的增加。另外,与在 AOL 数据集上实验结果不同的是,本章提出的 GQS 模型相比 MMR 模型性能有较大幅度的提高。比如,GQS 模型的 MRR 指标比 MMR 模型的 MRR 指标高了近 4.5%,而 GQS 模型的 α-NDCG@10 指标比 MMR 模型的 α-NDCG@10 指标高了近 4.1%。同时,这两个指标的提高采用 t-test 检测在显著性水平 $p = 0.01$ 上是显著的。相对而言,采用 α-NDCG@5 指标,GQS 模型比 MMR 模型提高的幅度相对较少,有近 3.5%。究其原因在于:在查询推荐列表中,位置靠前 5 位的查询推荐中,能移除的冗余查询相对较少,而在查询推荐列表前 10 个查询推荐中,相对更多的冗余查询能被移除。相比于 MPC-R 模型,GQS 模型的 MRR 指标的提高在显著性水平 $\alpha = 0.05$ 上是显著的。在两个数据集上的实验效果验证了本章提出模型的有效性。

6.5.5.2 查询前缀长度对模型性能的影响

在本节中,我们将比较各个查询推荐算法在不同查询前缀长度上的性能。我们设置查询前缀#p 的长度为 1 至 5,然后在数据集 AOL 和数据集 MSN 上展开实验,分别采用 MRR 指标、α-NDCG@5 指标和 α-NDCG@10 指标来评估性能,实验结果分别在表 6.4、表 6.5 和表 6.6 中给出。

表 6.4 采用 MRR 指标衡量各个查询推荐算法在数据集 AOL 和数据集 MSN 上的性能
（查询前缀的长度为 1 至 5）

#p	AOL				MSN			
	MPC	MMR	MPC-R	GQS	MPC	MMR	MPC-R	GQS
1	0.611 9	0.613 6	0.616 4	**0.632 3**	0.625 9	0.627 5	0.630 3	**0.660 3**
2	0.616 4	0.618 5	0.623 7	**0.636 5**	0.630 4	0.632 2	0.636 6	**0.664 1**
3	0.620 2	0.621 7	0.634 8	**0.640 9**	0.634 7	0.638 5	0.642 1	**0.668 2**
4	0.625 8	0.628 6	0.643 9	**0.646 2**	0.637 9	0.641 6	0.649 3	**0.671 3**
5	0.630 7	0.632 5	0.646 1	**0.648 8**	0.641 6	0.643 2	0.654 7	**0.674 7**

表 6.5 采用 α-NDCG@5 指标衡量各个查询推荐算法在数据集 AOL 和数据集 MSN 上的性能
（查询前缀的长度为 1 至 5）

#p	AOL				MSN			
	MPC	MMR	MPC-R	GQS	MPC	MMR	MPC-R	GQS
1	0.681 3	0.686 2	0.683 6	**0.710 7**	0.694 7	0.699 1	0.696 4	**0.722 8**
2	0.686 7	0.692 0	0.691 1	**0.716 2**	0.699 5	0.704 8	0.702 2	**0.728 4**
3	0.690 3	0.696 2	0.694 3	**0.721 4**	0.704 4	0.709 3	0.706 9	**0.733 9**
4	0.693 7	0.699 3	0.696 8	**0.725 6**	0.708 1	0.712 8	0.711 2	**0.737 5**
5	0.695 4	0.701 7	0.698 1	**0.728 4**	0.712 5	0.715 6	0.713 8	**0.741 0**

表 6.6　采用 α-NDCG@10 指标衡量各个查询推荐算法在数据集 AOL 和数据集 MSN 上的性能
（查询前缀的长度为 1 至 5）

# p	AOL				MSN			
	MPC	MMR	MPC-R	GQS	MPC	MMR	MPC-R	GQS
1	0.755 4	0.760 6	0.758 6	**0.788 6**	0.761 5	0.767 8	0.764 8	**0.800 3**
2	0.761 2	0.766 1	0.763 5	**0.794 4**	0.767 1	0.774 2	0.772 3	**0.806 5**
3	0.766 7	0.771 8	0.769 4	**0.799 2**	0.772 8	0.779 8	0.775 7	**0.812 1**
4	0.770 6	0.774 7	0.773 1	**0.803 4**	0.776 3	0.784 1	0.780 4	**0.814 9**
5	0.774 1	0.778 3	0.776 8	**0.805 8**	0.779 1	0.787 7	0.783 7	**0.818 4**

　　由表 6.4 可知,在两个数据集上,在不同的查询前缀长度下,MPC 模型,MMR 模型和 MPC-R 模型的 MRR 指标值比较接近,但是本章提出的 GQS 模型相比于这三个模型都有明显的提高。比如,当输入查询前缀长度为 1 时,在数据集 AOL 上,GQS 模型的 MRR 指标分别比 MPC 模型、MMR 模型和 MPC-R 模型高出了约 3.3%,3.0% 和 2.6%;而在数据集 MSN 上,GQS 模型的 MRR 指标分别比 MPC 模型、MMR 模型和 MPC-R 模型高出了约 5.5%,5.2% 和 4.7%。当输入查询前缀长度增加时,GQS 模型的 MRR 指标相比其他模型的增加幅度有细微的变化。比如,当输入查询前缀长度为 5 时,在数据集 AOL 上,GQS 模型的 MRR 指标分别比 MPC 模型、MMR 模型和 MPC-R 模型高出了约 2.8%,2.6% 和 0.4%;而在数据集 MSN 上,GQS 模型的 MRR 指标分别比 MPC 模型、MMR 模型和 MPC-R 模型高出了约 5.1%,4.9% 和 3.0%。比较在数据集 AOL 上和在数据集 MSN 上的实验结果,我们发现,本章提出的 GQS 模型在 MSN 数据集上性能更优,其 MRR 指标在 MSN 数据集上略高于其在 AOL 数据集上的结果。导致这个结果的原因在于,在 MSN 数据集中,信息检索任务相对较长,包含的查询记录数目较多,内容较丰富,这有利于准确识别用户的查询意图,因此产生更加准确的查询推荐列表。

　　至于查询推荐列表的多样化,相比于性能最好的 MMR 模型,如采用 α-NDCG@5 和 α-NDCG@10 来衡量,GQS 模型能给出显著的提高。比如,在数据集 AOL 上,采用 α-NDCG@10 指标,GQS 模型比 MMR 模型提高了近 3%,若采用 t-test 测试显著性水平,我们发现这个 MRR 提高在显著性水平 $\alpha = 0.05$ 上是显著的。这意味着,我们提出的 GQS 模型能把与不同主题相关的查询推荐尽可能地排在查询推荐列表的靠前位置。

6.5.5.3　权衡参数 λ 对模型性能的影响

　　在本章提出的 GQS 模型中,公式(6.4)中权衡参数 λ 用于控制计算每个查询推荐的排序得分的各部分贡献,即查询推荐的频率以及查询推荐与历史查询记录的相似度。在本节中,我们将研究该参数对 GQS 模型性能的影响。我们通过改变 λ 的值来观察 GQS 模型的性能变化,把 λ 以步长 0.1 从 0 变化至 1,分别评估 GQS 模型的 MRR 指标,α-NDCG@5 指标和 α-NDCG@10 指标。我们在数据集 AOL 和数据集 MSN 上展开了实验,并将结果在图 6.2 中给出。

　　在 AOL 数据集上,由图 6.2(a)可知,当 λ 从 0 变化到 0.1,GQS 模型的 MRR 指标急剧地增;当 λ 增加至 $\lambda = 0.5$ 时,GQS 模型的 MRR 指标也缓慢增加;当 λ 继续变大时,即 λ 从 0.5 变化到 1 时,GQS 模型的 MRR 指标有所降低。同时我们发现,当 $\lambda = 1$ 时,GQS 模型的 MRR 指标要比 GQS 模型在 $\lambda = 0$ 时要低,当采用 α-NDCG@5 和 α-NDCG@10 来衡量查询推荐列表的多

样化时,如图 6.2(b)和图 6.2(c)所示,GQS 模型在 $\lambda=0.5$ 时的 α-NDCG 得分最高。而在 MSN 数据集上,GQS 模型表现出在较大的 λ 值下,性能相比在较小的 λ 值下要好。比如,GQS 模型在 $\lambda=0.8$ 时,其 MRR 指标达到最大值。而当采用 α-NDCG@5 和 α-NDCG@10 来衡量查询推荐列表的多样化时,与在数据集 AOL 上结果类似,即当 λ 从 0 变化到 0.1 时,GQS 模型的两个指标值急剧增加。这意味着,引入当前查询记录来预测用户查询意图,有助于多样化查询推荐列表。另外我们发现,GQS 模型的 α-NDCG@10 指标值在 λ 从 0 变化到 0.8 时,呈现单调的增加趋势。还有,当 $\lambda=1$ 时,GQS 模型的 α-NDCG@10 指标值相对较低,而当 λ 变化时,GQS 模型的 α-NDCG@5 指标值和 α-NDCG@10 指标值变化浮动很大,这表明在计算查询推荐的排序得分时,用户在当前信息检索任务下的历史查询记录对多样化查询推荐排序列表有重大影响。此外,用户在当前信息检索任务下的历史查询记录贡献越大时,GQS 模型的性能相对越好。

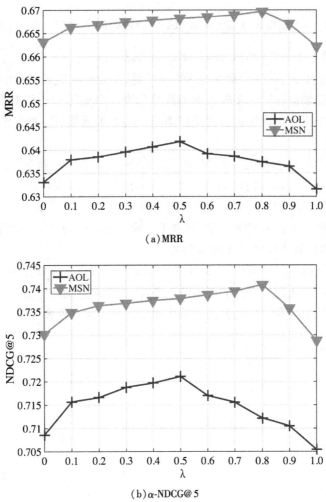

(a) MRR

(b) α-NDCG@5

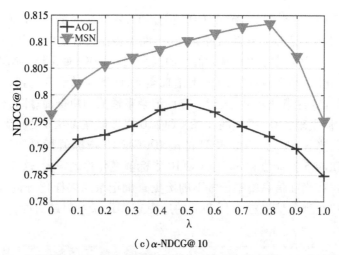

(c)α-NDCG@10

图 6.2 在数据集 AOL 和数据集 MSN 上,GQS 模型在不同 λ 下的性能评估

简而言之,从图 6.2 的实验结果,我们可以得出以下结论:

(1)在 GQS 模型中,针对查询推荐的多样化问题,查询推荐的频率和用户在当前信息检索任务下的历史查询记录都有助于多样化查询推荐列表。而相比于查询推荐的频率,用户在当前信息检索任务下的历史查询记录有利于预测用户的查询意图,因此也更有利于查询推荐列表的多样化。

(2)权衡参数 λ 的变化,相比于对 MRR 值的影响,对 α-NDCG 指标值的影响更大,这说明参数 λ 对查询推荐排序准确度的影响相比于对查询推荐列表多样化的影响要小。

(3)在当前信息检索任务下,用户的历史查询记录越丰富,产生的查询推荐列表越显多样化。这主要是由于用户丰富的查询记录,有助于准确识别用户的真实查询意图。

6.5.6 多样化查询推荐方法的军事应用研究

在军事信息系统的信息检索中,多样化的查询推荐可以产生多样化的军事信息检索结果,这有助于信息检索用户获取更全面的军事信息资源,实现信息精准服务,从而为作战决策指挥提供帮助。图 6.3 给出了多样化查询推荐排序模型在军事信息检索系统中的应用方法。

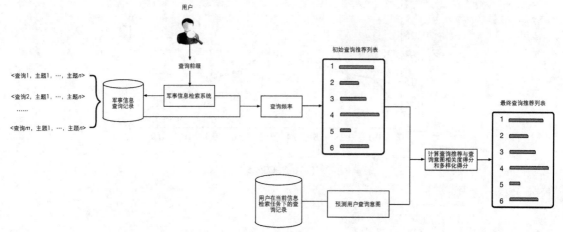

图 6.3 多样化查询推荐排序模型在军事信息检索系统中的应用

具体而言,首先我们需要准确标记所有查询的主题,比如查询"航母"和"航空母舰"对应

的主题包括:武器装备、登陆作战和后勤保障等,而查询"航天"对应的主题包括:空间飞行、宇宙航行和天文地理等。同时我们要统计查询记录中各个查询的频率,便于在用户输入查询前缀时根据查询推荐的频率计算公式(6.4)中的概率 $P(q_c|p)$,从而生成初始查询推荐列表,比如用户在军事信息检索系统中输入了"航",系统推荐了一组初始查询推荐为"航母""航空母舰""航天"和"航海"等,然后根据用户在当前信息检索任务下的历史查询 q_t 预测用户的查询意图,即计算公式(6.4)中的概率 $P(q_c|i,q_t)$,我们发现用户主要关注"航母"和"航天"相关。因此,计算初始查询推荐列表中各个查询推荐与查询意图的相关度得分以及多样化主题得分,按照得分重新排序,返回给用户最终查询推荐列表,比如最佳的多样化查询推荐列表为"航母""航天""航海"和"航空母舰"等。这样既能使得查询推荐列表中位置靠前的查询推荐与用户的查询意图相近,同时涵盖了更多主题的查询推荐,便于用户获取更全面的数据信息。

6.6　本章小结

在本章中,我们提出了基于贪婪算法的多样化查询推荐模型(GQS),采用 ODP 分类对文档的主题进行标记,进而识别用户查询的主题。在算法实现过程中,数据的稀疏性问题以及用户的冷启动问题分别通过贝叶斯概率矩阵分解方法和基于语义相似度寻找类似查询的方法来解决。通过在两个公开数据集上的实验,验证了本章提出算法的有效性。由于本章提出的GQS 模型中,查询的主题通过 ODP 来识别,未来工作可以通过人工标记产生查询的真实相关主题来进一步提高模型性能。同时,当前模型只考虑了用户在当前信息检索任务下的历史查询记录来检测用户查询意图,未来工作可以搜集用户长期的信息检索查询记录来准确预测用户的关注,为识别用户检索意图做铺垫,从而提高模型性能。

7 信息精准服务仿真实验

本章针对本书研究的面向信息精准服务的信息检索与查询推荐方法,给出了信息精准服务方法的仿真实验及其结果分析。研究采用了半实物的仿真实验方法,通过在半实物的实验环境上,构建信息精准服务的实验系统,基于本书提出的信息检索和查询推荐方法,进行仿真实验,通过采集和处理实验数据,分析信息精准服务的性能,完成信息精准服务方法的仿真实验验证。

7.1 仿真实验研究背景

当前,我军信息系统正向以网络为中心的扁平化组网模式转型,着手建设基于以网络为中心的新一代军事信息系统。新的系统构建方式带来了系统结构上的重大变化,这种变化为解决原有系统问题提供了广阔空间,但同时在系统结构设计、系统动态重组和信息有效利用等方面带来了新的重大现实瓶颈问题。传统的针对树状结构系统的构建方法难以解决新一代军事信息系统构建中的信息精准服务问题,迫切需要从复杂适应性系统视角,综合集成和创造性运用网络科学,协同机器学习、信息检索等理论方法,以应用为纽带,开展面向新一代军事信息系统构建中的基础问题展开研究,揭示新一代军事信息系统的内在机理和规律,形成跨学科的军事信息系统构建方法,科学指导新一代军事信息系统设计与建设。

7.2 仿真实验研究目标

以新一代军事信息系统构建为重大需求牵引,揭示信息利用机理,以复杂适应性系统理论为指导,建立新一代军事信息系统中信息精准服务方法和模型,并进行仿真验证,研制信息精准服务软件/工具,建立新一代军事信息系统构建机理和方法的仿真验证平台,仿真验证本项目机理与方法的正确性、合理性和可用性,从而为军事信息系统顶层设计、工程建设、组织应用和科学发展奠定理论基础,并提供方法指导和技术支撑。

7.3 仿真实验流程

信息精准服务首先需要准确获取用户的信息需求,其次是实现信息的准确检索和利用,下面就从这两个主要方面进行概述。

7.3.1 信息需求生成方法

由于同一类决策用户在处理同一类决策事务时所需的信息类型是基本相同的,只是根据涉及的具体对象以及时空上下文的不同会有细微的差别,因此用户决策事务类型与信息需求之间存在某种潜在的关联映射关系,可以将每一类事务所需信息类型写成一个模板(称为"事信映射模板"),对其中变化因素留出空来,待遇到实际事务时,选调相应的模板并根据实际变量数值填空,就可以生成实际的信息需求,进而根据领域术语的表达方式,对需求进行准确描述,这便是信息需求生成方法的核心思想。方法如图 7.1 信息需求生成过程示意图所示,分为准备和使用两个阶段。信息需求生成过程包括领域知识构建、用户决策事务感知、信息需求生成、需求语义描述、需求发布管理等方面。

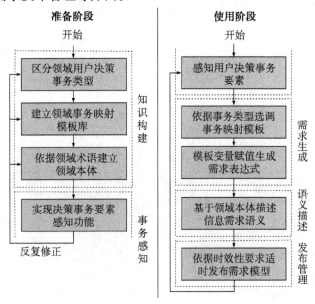

图 7.1　信息需求生成过程示意图

7.3.2　信息精准服务方法

信息精准服务方法主要综合了任务信息特征提取、用户角色与用户行为分析、信息按需检索和推荐等方法。具体而言,在任务信息精准服务阶段,对经过提取的任务信息集进行任务信息关联关系分析得到关联信息集,再基于用户偏好构建用户需求模板进行信息过滤得到过滤信息集,然后基于信息精准服务模式对面向任务的信息集进行有序组织输入精准信息精准服务系统,最后得到精准信息服务集返回给用户。任务信息精准服务过程如图 7.2 所示。任务信息用户偏好获取体系包括用户角色分析、用户偏好建模与收集、用户行为分析。

7.4　仿真实验系统构建

为了验证信息精准服务方法的可行性和有效性,结合军事应用背景需求,研制了一套原型系统,名为"信息精准服务原型系统"。图 7.3 给出了信息精准服务原型系统总体架构。该系统搭建了一套达到 13.17 TB 规模的试验数据环境。运用信息精准服务评估方法,对信息精准服务的作用机理和实现方法开展了实验验证。

原型系统位于各级各类指挥信息应用系统席位和各级各类信息源之间,一方面通过信息精准服务客户端感知应用系统席位上的用户事务,动态生成用户信息需求,通过信息精准服务调度服务发起信息服务过程,将信息需求分别转换后提交给军事信息系统中的各级各类非结构化搜索引擎、数据库搜索引擎和实时信息分发系统,接收其返回的信息,通过按需筛选和相关推荐得到信息检索结果,最后通过客户端展现给用户或提交应用系统处理。具体的,原型系

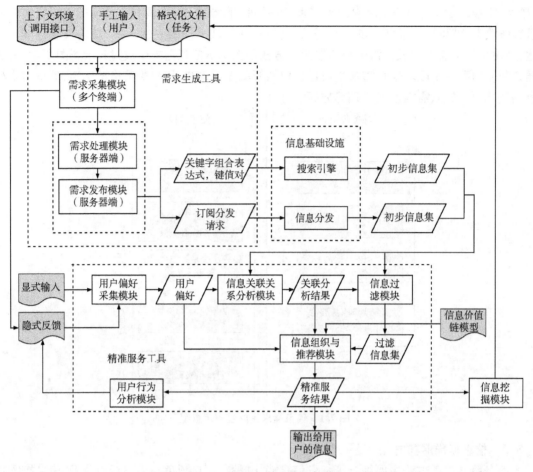

图7.2 任务信息精准服务过程

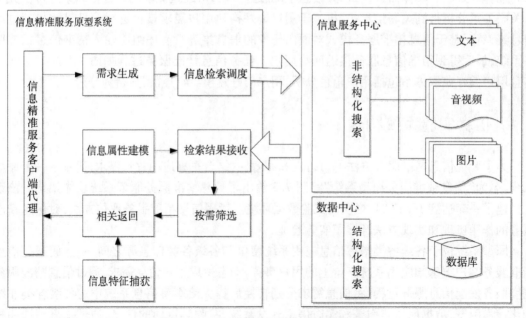

图7.3 信息精准服务原型系统总体架构

统包括需求生成和精准服务两大功能模块,接下来分别简要介绍。

7.4.1 需求生成功能模块

按照基于事务映射机制的信息需求动态生成方法,设计了需求生成系统的功能模块组成,如图7.4所示。总体分为三大部分,分别部署于用户席位软件、用户系统服务端和系统信息资源上。

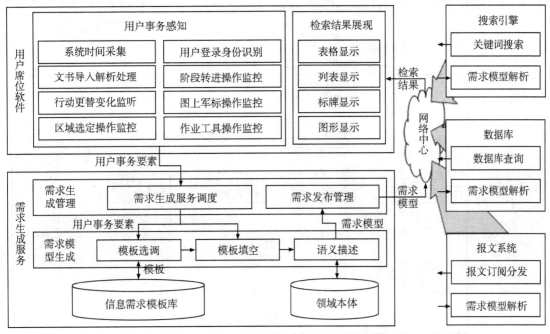

图7.4 任务信息需求生成系统模块组成图

其中,用户席位软件上主要包括用户事务感知模块和信息服务结果展现模块;用户系统服务端上主要包括需求生成管理模块、需求模型生成模块,以及前期准备阶段形成的信息需求模板库和领域本体;系统信息资源上主要是需求模型的解析模块。结合特定作战任务设计开发了用户事务感知模块,部署于用户席位软件之上,具体包括系统时间采集、用户登录身份识别、文书导入解析处理、阶段转进操作监控、行动更替变化监听、区域选定操作监控、作业工具操作监控等功能。结合特定作战任务设计开发了信息精准服务的结果展现模块。其中,对于结构化信息采用表格显示的方式;对于非结构化信息采用结果列表的形式展现,支持再次点击查看每一条结果信息;对于实时信息以及位置类的信息,采用图形化方式展现。

7.4.2 信息精准服务端

按照基于用户角色及任务特征的信息聚焦方法,设计了信息精准服务端功能模块,信息精准服务原型系统逻辑结构如图7.5所示。主要包括六大类功能模块:应用系统实例模拟模块、搜索引擎框架、特征捕获模块、用户行为分析模块、非结构化数据信息分发模块、结构化搜索模块。

其中,应用系统实例模拟模块包括应用系统需求模拟及应用系统信息展现模拟两个模块,支持实现用户需求信息的模拟生成,并针对结构化和非结构化两类搜索结果分别提供列表式展示;搜索引擎框架主要是在程序级实现基于 Lucene 的信息搜索引擎,具体包括非结构化数据类信息的文档索引和检索全过程的功能实现;特征捕获模块主要支持实现信息精准服务过程中的特征提取功能,包括任务信息的特征提取、用户的特征提取以及信息的过滤和推荐;用

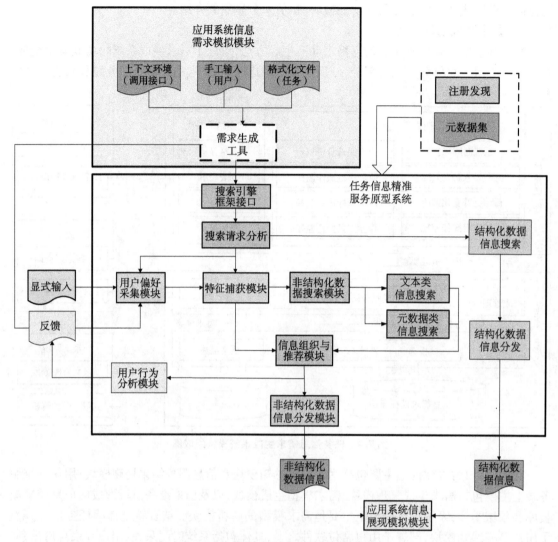

图7.5 信息精准服务原型系统逻辑结构

户行为分析模块针对用户在检索后的结果点击及查看情况进行分析,捕捉用户行为信息,通过统计分析预测用户潜在需求,实现基于用户反馈的信息检索排序,建立信息的有序组织;非结构化数据信息分发模块主要针对结构化数据检索结果,支持用户在客户端通过点击选择,来下载并保存所需要的数据源内容;结构化搜索模块面向来自多个数据源中数据库的结构化数据集,支持实现了针对关键词的全文检索、展现与分发。

7.4.3 系统搭建

仿真实验模拟了以网络为中心的军事信息系统中信息种类繁多、规模巨大、分布广泛等特征,搭建了信息精准服务实验环境,包括硬件环境、数据环境、测试指标及标准测试集等四个方面。

7.4.3.1 硬件环境

实验硬件环境组成如图7.6所示。左边是配套演示环境,最上面第一排是军事信息系统(用户席位及服务器)和信息精准服务原型系统,最下面一排是实时信息源节点,其他都是非实时信息源节点。

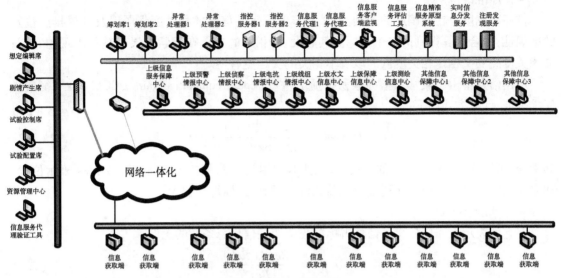

图 7.6　试验环境组成

7.4.3.2　数据环境

目前已准备的实验数据,总量达到了 13.17 TB,信息类型涵盖了目标信息、部署信息、环境信息、指控信息等四种,信息形式涵盖了语音、文本、图形、动静图像以及数据库、实时信息等,如表 7.1 所示。

表 7.1　实验数据形式及数据量表

	内容	数据量	节点数
实时信息	对空/海雷达、电抗、预警机等实时报文信息	2.5 万批/分钟	62 个
数据库	情报综合库、联合共享库、军兵种数据库等	70 GB	10 个
非结构化数据	网页数据	7.5 TB	36 个
	文档数据	2 TB	
	图片数据	0.6 TB	
	视频数据	3 TB	
合计		13.17 TB	

7.4.3.3　测试指标

(1)服务精准性。服务精准性体现的是信息服务结果与用户任务总体上的相关程度,用准确度、排序准确度、完整度三个指标来衡量。

● 准确度(precision)

准确度表示信息检索服务返回的相关信息占信息服务总条数的比例:

$$Precision = \frac{|\,Res\,\cap\,Rel\,|}{|\,Res\,|} \tag{7.1}$$

其中,Res 指系统返回文档集合,$|\,Res\,|$ 表示系统返回文档的数量,Rel 指的是相关文档集合,$|\,Rel\,|$ 表示所有相关文档的数量;$Res\cap Rel$ 表示系统返回的相关文档集合,$|\,Res\cap Rel\,|$ 表示系统返回的相关文档的数量。

· 排序准确度

排序准确度是在准确度的基础上,进一步考虑每条信息的相关度强弱以及结果排序位置的准确性,综合计算得到的一个指标。其假设:①相关的文档在搜索结果中越早出现越有用;②相关度高的文档比相关度低的以及不相关的文档更有用。

可用信息检索领域常用指标累积折损增益(discount cumulative gain,DCG@ k)来衡量排序准确度,计算方式如下:

$$DCG@k = \sum_{i=1}^{k} \frac{2^{g_i} - 1}{\log(i + 1)} \qquad (7.2)$$

其中, g_i 是排序 i 位置的文档的相关性,例如非常相关为 2,相关为 1,不相关为 0; k 表示位置。如果相关度越高的文档排在列表越靠前的位置,则该指标得分越大。

· 完整度(recall)

完整度表示返回任务相关信息占标准集中相关信息总条数的比例:

$$Recall = \frac{|Res \cap Rel|}{|Res|} \qquad (7.3)$$

(2)实时性。实时性体现的是信息精准服务的及时程度,用信息精准服务过程的耗时来衡量。其中,信息精准服务过程的耗时指的是从信息需求产生到收到信息服务结果消耗的总时间,是信息系统执行搜索消耗的时间 $T_{系统搜索耗时}$ 与信息精准服务结果返回处理等所消耗的时间 $T_{结果处理耗时}$ 之和。

$$T_{信息服务过程耗时} = T_{系统搜索耗时} + T_{结果处理耗时} \qquad (7.4)$$

7.4.3.4 标准测试集

信息精准服务结果与任务的相关度是需要人工判断的,对于每一个设定需求,都需要人工从数据环境中找出标准答案集合。因此,在 13.17 TB 的实验数据环境下构造标准答案集合的工作量是无法承受的。为了科学、客观地评测信息精准服务的性能,针对实验设定构造了标准测试集,由文档集、查询集和相关集三部分组成。

文档集是一组文档的集合,该组文档的内容被信息检索系统用来进行分析。在本实验中,以 13.17 TB 的实验数据作为文档集。

查询集是向信息精准服务系统提出的问题集合,这些问题被称为查询主题。本实验中,结合想定背景设计了 18 个查询主题,如表 7-2 实验查询集所示,查询覆盖与用户相关、与事件相关、与目标相关等信息。

表 7.2 实验查询集

序号	查询主题	序号	查询主题
1	某单位近期活动信息	10	目标中心基本情况信息
2	某单位相关历史信息	11	目标中心近期相关动态信息
3	某目标相关报道	12	敌方阵地相关资料
4	某目标近期相关活动信息	13	敌方阵地近期动态信息
5	某敌方侦察情报	14	敌方某装备相关信息
6	某敌方电抗侦察情报	15	某演习基本情况

序号	查询主题	序号	查询主题
7	某敌方目标相关侦察情报	16	某演习近期动态信息
8	目标桥梁结构相关信息	17	某用户相关资料
9	目标桥梁所在地近期相关动态信息	18	某用户相关评论信息

相关集是对应集中查询主题所给出的一组标准答案的集合。本实验中,相关集的构建采用了国际上通用的 Pooling 方法,即针对某一设定需求,所有参加评测的检索系统分别给出各自检索结果的前 100 个文档,将这些结果文档汇集起来,由专家人工判断每一文档的相关性,将最终判定为相关的文档作为相关集,并按相关度排序。

为了构造多个不同的检索系统,将信息精准服务原型系统中的信息按需聚焦功能封装为多个可选的策略,不同的方法对应不同的策略。通过控制策略的选择应用开关,将信息精准服务原型系统虚拟化成多个不同的检索系统。具体设定的策略包括去重、聚焦、排序等 3 种,可任选其中的 0~3 种。当聚焦策略被选中时,还有 3 种可选的子策略,分别是按任务类型聚焦、按用户角色聚焦、按用户行为聚焦等,可任选其中的 1~3 种。由此形成共计 32 种策略,策略编号如表 7.3 所示。

表 7.3 可选策略组合(1 表示该策略被选中,0 表示未选中)

代号	聚焦	排序	去重	行为	任务	角色	代号	聚焦	排序	去重	行为	任务	角色
00	0	0	0	—	—	—	56	1	0	1	1	1	0
10	0	0	1	—	—	—	57	1	0	1	1	1	1
20	0	1	0	—	—	—	61	1	0	0	0	1	0
30	0	1	1	—	—	—	62	1	1	0	0	0	1
41	1	0	0	0	0	1	63	1	1	0	0	1	1
42	1	0	0	0	1	0	64	1	1	0	1	0	0
43	1	0	0	0	1	1	65	1	1	0	1	0	1
44	1	0	0	1	0	0	66	1	1	0	1	1	0
45	1	0	0	1	0	1	67	1	1	0	1	1	1
46	1	0	0	1	1	0	71	1	1	1	0	0	1
47	1	0	0	1	1	1	72	1	1	1	0	0	1
51	1	0	1	0	0	1	73	1	1	1	0	1	1
52	1	0	1	0	1	0	74	1	1	1	1	0	0
53	1	0	1	0	1	1	75	1	1	1	1	0	1
54	1	0	1	1	0	0	76	1	1	1	1	1	0
55	1	0	1	1	0	1	77	1	1	1	1	1	1

在构建过程中,将查询主题和检索结果的相关程度分为四个等级:不相关、弱相关、相关和强相关。相关判断的赋值工作分三组进行,三组判断相互独立、互不影响。各组在判断时都采用初步判断和检查两个阶段。第一阶段,每一组先由一名判断者进行判断赋值;第二阶段,完成赋值后,每一组由另一名判断者进行检查,最大限度地保证判断结果的客观性和可信性。

相关判断工作完成后,将三组判断结果的算术平均值作为最终文档与查询的相关度得分。最后,根据查询主题与文档相关程度的数值建立一个有序表列作为该查询主题的相关文档集。对于分值相等的文档,经过人工比较决定其排列的先后顺序。

7.5 仿真实验性能评估

使用信息精准服务原型系统,基于实验环境开展了实验测试,实验结果证明,信息精准服务的准确度和完整度较之传统方法均有不同程度的提升,且平均信息获取耗时在 10 秒以内,能够满足作战应用需求。下面主要从聚焦性和实时性两方面对信息精准服务的性能进行分析。

依次使用 32 种策略,设定信息服务返回结果的条数从 1 条依次增加至 100 条,依次对 18 个查询主题分别开展信息精准服务实验,测得不同策略下,准确度、排序准确度、完整度 3 个指标随返回结果数量增加的变化情况,如图 7.7、图 7.8 和图 7.9 所示,其中每一个数值点都是 18 个主题对应数据的平均值。为了便于对比,图中只展示了 5 种典型策略的曲线:无策略(00)代表传统方式(即信息系统提供的关键词搜索能力),全策略(77)代表信息精准服务方式的完全实现,排序(20)、角色聚焦(41)、排序+去重+角色聚焦(71)3 种策略代表信息精准服务方法的部分实现。

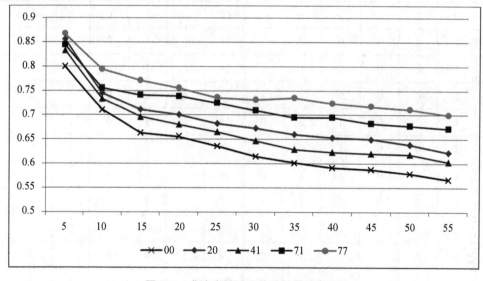

图 7.7 准确度随返回结果数量的变化

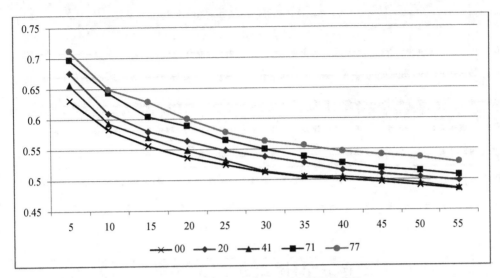

图7.8 排序准确度随返回结果数量的变化

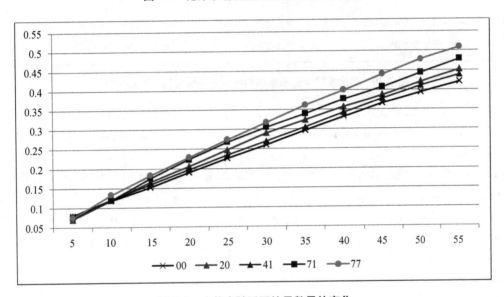

图7.9 完整度随返回结果数量的变化

针对信息系统提供的信息搜索性能对信息精准服务性能的影响进行了测试,结果如图7.10、图7.11所示。其中,搜索查准率指的是搜索结果命中关键词的比率,搜索准确度指的是搜索结果与任务相关的比率,精准服务准确度指的是精准服务返回给用户的结果与任务相关的比率。

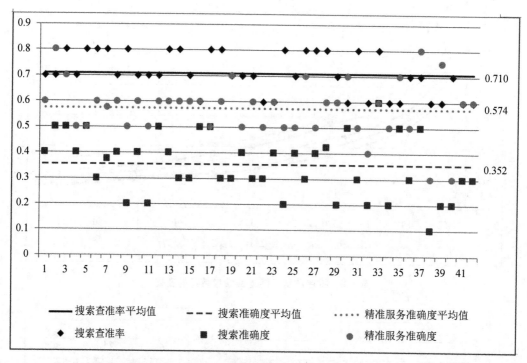

图 7.10　多次实验中查准率和准确度分布情况(查准率>70%)

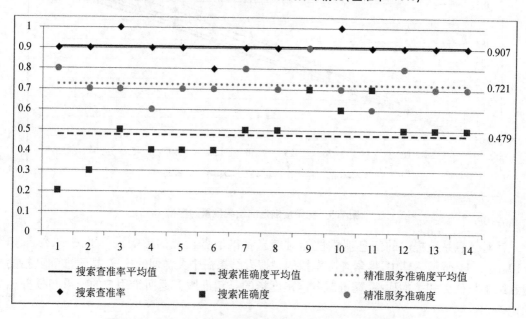

图 7.11　多次实验中查准率和准确度分布情况(查准率>90%)

分析结论如下：

（1）合理性。随返回结果数量递增,完整度呈现稳步提升,准确度和排序准确度都呈现缓慢下降,符合信息搜索的一般规律。

（2）有效性。使用信息精准服务方法(全策略)相比于使用传统方法(无策略),3个指标均有不同程度的提升。其中,准确度平均提高了 19.1%,排序准确度平均提高了 9.2%,完整度平均提高了 16.7%。同时,随着使用策略的数量增加,3个指标也分别有不同程度的提升。

（3）实时性。策略全选,依次在1M,2M,4M,8M,10M这5种不同带宽条件下开展实验,对18个需求的数据求平均,测得耗时如图7.12所示。其中,针对信息检索服务需求在1M、4M、10M带宽条件下所做的100次实验结果如图7.13所示。

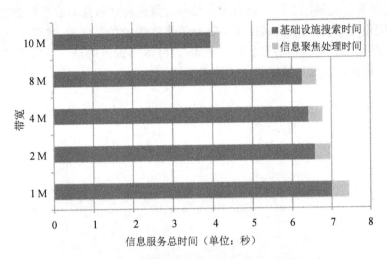

图7.12   五种不同带宽条件下的平均信息服务耗时

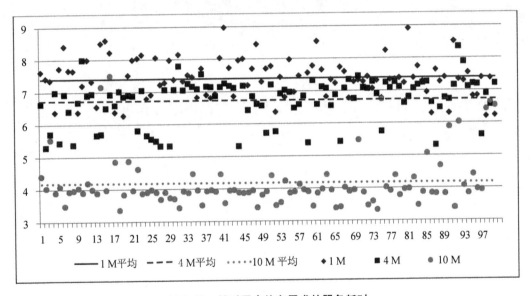

图7.13   针对用户信息需求的服务耗时

（4）合理性。随带宽条件的增大,信息精准服务过程耗时逐渐减小,符合信息搜索一般规律。

（5）可用性。总体信息服务时间、近实时信息服务时间均小于10秒,其中,信息返回展现等处理所消耗的平均时间小于0.5秒,只占信息精准服务总时间的很小一部分,大部分时间消耗在信息系统的信息搜索的过程中,约占总耗时的90%。

7.6　本章小结

　　本章通过仿真实验验证了面向信息精准服务的信息检索和查询推荐方法的准确性和有效性,结合军事应用背景,在大规模数据集上进行了半实物的仿真实验,构建了信息精准服务的实验系统。实验结果验证了本书方法的合理性,为将本书提出的理论方法推广至工程实践提供了支撑,为建设新一代信息系统提供了技术途径。

8　总结与展望

为了实现信息精准服务,信息检索至关重要,能够确保满足用户检索需求的信息返回给用户,支持用户对信息的实际应用。因此,准确的信息检索排序方法可以快速准确地检索得到有用的信息传递给用户。同时,构建一个好的查询短语可以提高用户检索信息的满意度,更好实现用户的信息检索意图。因此本书研究了有利于实现信息精准服务的信息检索排序方法和查询推荐排序方法。

信息检索排序方法的研究主要在于将文档库中与用户查询相关的文档信息返回给用户,同时使得相关度高的文档信息能出现在检索结果的靠前位置。查询推荐排序方法的研究主要在于当用户在信息检索过程中,输入少量查询字符时,预测用户的查询意图,推荐给用户一组可能的查询短语,帮助用户完成查询短语的构建,以便于获得准确的检索结果。下面对本书工作做简单总结,并提出下一步可能展开的研究工作。

8.1　本书工作总结

本书针对军事信息系统中信息精准服务的需求,深入研究了实现信息精准服务中的信息检索排序和查询推荐排序问题,从规则挖掘、逻辑回归和用户行为分析三个方面提出了相应的信息检索排序算法;从语义相似度与时效性频率、贪婪算法两个方面研究提出了查询推荐排序方法,并通过大量的实验数据验证了方法的有效性,分析了这些理论模型在军事上的应用方法。本书的主要贡献和创新点概括如下:

(1)提出了基于规则挖掘的信息检索排序模型。在机器学习算法基础上,本书通过提取训练样本的主要特征进行有效聚类,并结合用户的相关反馈获取各个类中文档与查询相关度的判断的置信值,形成相似度判定模型,应用该模型来对测试样本进行相关度排序。算法对 LETOR 数据集进行了测试,实验表明,信息检索性能指标比其他排序算法有了进一步提高,并且无需复杂的数据预处理工作和参数设定。

(2)提出了基于逻辑回归的信息检索排序模型。本书提出了基于逻辑回归的信息检索排序模型,利用主成分分析提取信息表达的重要特征,同时结合用户的相关反馈,在逻辑回归基础上生成信息与查询的相关度排序模型。在测试阶段当用户提交查询时,可以返回准确的信息检索结果。

(3)提出了基于用户行为分析的个性化信息检索排序模型。本书利用用户的点击和浏览文档的时间等信息,实现个性化的信息检索排序,基于这些用户行为信息预测用户的关注模型以及判断查询与文档的相关度。在概率图模型基础上获得每个文档和查询的相关度概率大小,并依据该概率大小对文档信息进行排序,将相关的文档信息返回给用户。实验表明用户的行为信息可以准确预测其查询意图,从而帮助其获得准确的检索结果。

(4)提出了基于语义相似度和时效性频率的查询推荐排序模型。本书提出了基于语义相似度和时效性频率的查询推荐排序模型,将具有时效性的查询频率和查询字之间的语义相似度引入查询推荐排序算法中。与传统的基于查询频率的查询推荐排序方法相比,本书提出的方法能够准确预测用户的查询意图,将有效的查询短语推荐给用户。

(5)提出了一种基于贪婪算法的多样化查询推荐排序模型。为了解决查询推荐的冗余问题,本书提出了一种基于贪婪算法的多样化查询推荐排序模型,旨在既能将准确的查询短语推荐给用户,又能使得推荐的一组查询短语包含的更多主题,这样用户有更多查询选择。本书提出的算法根据用户在当前环境下提交的查询短语主题,来预测用户下一个可能的查询。我们的实验结果表明,该算法可以推荐给用户更相关并且包含更多主题的查询短语。

8.2 下一步研究展望

本书在研究信息检索排序和查询推荐排序中,在问题建模、解决方法、理论算法等方面取得了较好的研究成果,但针对军事上的各类应用,在军事信息特征的提取、个性化用户的信息推荐依据、用户的信息应用意图分析等方面,还有待更进一步的研究。下一步拟在以下几个方面开展更深入的研究:

(1)在信息检索排序算法中,在提取信息有效特征时,本书利用主成分分析将高维特征数据映射至低维空间,必然会丢失部分信息,下一步研究工作可利用回归思想,拟合相关度与特征变量的函数曲线,结合灵敏度分析,从高维特征中选择重要特征,从而获取低维空间的特征表示。同时可以尝试分析用户的隐形的相关反馈信息,比如鼠标点击记录、浏览文档时间、用户眼睛关注点等,研究查询与文档的判断模型,提高信息检索性能。

(2)在个性化的信息检索排序算法中,本书研究基于用户的行为,即用户浏览文档的时间来判断检索结果和查询的相关度,后续工作可以通过邀请用户给出直接的相关度反馈,根据这些准确的信息,训练信息与查询的相关度判断模型。此外,本书研究基于概率图模型,计算信息与查询的相关度概率,后续工作可以结合机器学习中的排序学习算法,提取文档有用的表达特征信息,生成相关度计算模型,进一步提高信息检索排序准确率。

(3)在查询推荐排序方法的研究中,传统的方法考虑了查询短语的查询次数作为推荐查询短语的主要依据,取得了较好的结果。但是目前并没有将这个信息更好地与个性化用户需求紧密结合,后续工作可在此基础上展开,搜集用户的历史查询、浏览文档记录等行为,挖掘用户的关注模型,进一步准确预测用户的查询意图,将与用户关注模型相似的查询短语推荐给用户。同时,可以根据用户的行为,预测用户当前查询需求是否被满足,为后续查询是否需要个性化的查询推荐做出判断。

(4)在多样化查询推荐算法的研究中,本书搜集了用户在当前信息检索环境下的查询记录来预测用户的检索意图和关注模型,后续工作可进一步搜集用户更多的查询历史记录,用来准确预测用户长期关注模型,研究个性化的多样化查询推荐算法。同时针对一些新用户,无法获取其长期或者短期的信息检索行为记录,可以尝试在训练集中找出与当前新用户最为类似的用户,来实现个性化的查询推荐。在实验方面可以在更大的数据集上,搜集更丰富的用户信息,包括年龄、职业、爱好等,更好地提供个性化服务,提高算法的有效性和鲁棒性。

参考文献

[1] 张维明，郭得科，刘震. 军事信息服务研究［M］.北京：军事科学出版社，2014.

[2] 陈洪辉，陈涛，罗爱民，等. 指挥控制信息精准服务［M］. 北京：国防工业出版社，2015.

[3] BEITZEL S M, JENSEN E C, FRIEDER O, et al. Surrogate Scoring for Improved Metasearch Precision ［C］// In Proceedings of the 28th Annual International ACM SIGIR Conference on Research and Development in Information Retrieval. New York：Association for Computing Machinery, 2005：583–584.

[4] ZHANG A, GOYAL A, KONG W, et al. adaQAC：Adaptive Query Auto-Completion via Implicit Negative Feedback ［C］// In Proceedings of the 38th International ACM SIGIR Conference on Research and Development in Information Retrieval. New York：Association for Computing Machinery, 2015：143–152.

[5] XU J, CROFT W B. Query Expansion Using Local and Global Document Analysis ［C］// In Proceedings of the 19th Annual International ACM SIGIR Conferenceon Research and Development in Information Retrieval. New York：Association for Computing Machinery,1996：4–11.

[6] LV Y, ZHAI C. Positional Relevance Model for Pseudo-relevance Feedback ［C］// In Proceedings of the 33rd International ACM SIGIR Conference on Research and Development in Information Retrieval. New York：Association for Computing Machinery, 2010：579–586.

[7] GUO F, LIU C, WANG Y M. Efficient Multiple-click Models in Web Search ［C］// In Proceedings of the 2nd ACM International Conference on Web Search and Data Mining. New York：Association for Computing Machinery, 2009：124–131.

[8] LEE K S, CROFT W B, ALLAN J. A Cluster-based Resampling Method for Pseudo-relevance Feedback ［C］// In Proceedings of the 31st Annual International ACM SIGIR Conference on Research and development in Information Retrieval. New York：Association for Computing Machinery, 2008：235–242.

[9] HE B, OUNIS I. Finding Good Feedback Documents ［C］// In proceedings of the 18th ACM Conference on Information and Knowledge Management. New York：Association for Computing Machinery, 2009：2011–2014.

[10] BAR-YOSSEF Z, KRAUS N. Context-sensitive Query Auto-completion ［C］// In Proceedings of the 20th International World Wide Web Conference. New York：Association for Computing Machinery, 2011：107–116.

[11] WHITING S, JOSE J M. Recent and Robust Query Auto-completion ［C］// In Proceedings of the 23rd International World Wide Web Conference. New York：Association for Computing Machinery, 2014：971–982.

[12] SHOKOUHI M. Detecting Seasonal Queries by Time-series Analysis ［C］// In Proceedings of the 34th International ACM SIGIR Conference on Research and Development in Information Retrieval. New York：Association for Computing Machinery, 2011：1171–1172.

[13] SHOKOUHI M, RADINSKY K. Time-sensitive Query Auto-completion ［C］// In Proceedings of the 35th International ACM SIGIR Conference on Research and Development in Information Retrieval. New York：Association for Computing Machinery, 2012：601–610.

[14] HOLT C C. Forecasting Seasonals and Trends by Exponentially Weighted Moving Averages ［J］. International Journal of Forecasting, 2004, 20 (1)：5–10.

[15] CAI F, LIANG S, DE RIJKE M. Time-sensitive Personalized Query Auto-completion ［C］//In Proceedings of the 23rd ACM Conference on Information and Knowledge Management. New York：Association for Computing

Machinery, 2014: 1599-1608.

[16] CAI F, LIANG S, DE RIJKE M. Prefix-adaptive and Time-sensitive Personalized Query Auto Completion [J]. IEEE Transactions on Knowledge and Data Engineering, 2016.

[17] GOLBANDI N, KATZIR L, KOREN Y, et al. Expediting Search Trend Detection via Prediction of Query Counts [C]// In Proceedings of the 6th ACM International Conference on Web Search and Data Mining. New York: Association for Computing Machinery, 2013: 295-304.

[18] KULKARNI A, TEEVAN J, SVORE K M, et al. Understanding Temporal Query Dynamics [C]// In Proceedings of the Fourth ACM International conference on Web Search and Data Mining. New York: Association for Computing Machinery, 2011: 167-176.

[19] MICHAIL V, CHRISTOPHERM, ZOGRAFOULA V, et al. Identifying Similarities Periodicities and Bursts for Online Search Queries [C]// In Proceedings of the 2004th ACM SIGMOD International Conference on Management of Data. New York: Association for Computing Machinery, 2004: 131-142.

[20] CHIEN S, IMMORLICA N. Semantic Similarity between Search Engine Queries Using Temporal Correlation [C]// In Proceedings of the 14th International World Wide Web Conference. New York: Association for Computing Machinery, 2005: 2-11.

[21] LIU N, YAN J, YAN S, et al. Web Query Prediction by Unifying Model [C]// In Proceedings of the 2008th IEEE International Conference on Data Mining Workshops. Washington: IEEE Computer Society, 2008: 437-441.

[22] TAN B, SHEN X, ZHAI C. Mining Long-term Search History to Improve Search Accuracy [C]// In Proceedings of the 12th ACM SIGKDD Conference on Knowledge Discovery and Data Mining. New York: Association for Computing Machinery, 2006: 718-723.

[23] LIU C, WHITE R W, DUMAIS S. Understanding Web Browsing Behaviors through Weibull Analysis of Dwell Time [C]// In Proceedings of the 33rd International ACM SIGIR Conference on Research and Development in Information Retrieval. New York: Association for Computing Machinery, 2010: 379-386.

[24] MATTHIJS N, RADLINSKI F. Personalizing Web Search Using Long Term Browsing History [C]// In Proceedings of the Fourth ACM International Conference on Web Search and Data Mining. New York: Association for Computing Machinery, 2011: 25-34.

[25] BENNETT P N, WHITE R W, CHU W, et al. Modeling the Impact of Short and Long-term Behavior on Search Personalization [C]// In Proceedings of the 35th International ACM SIGIR Conference on Research and Development in Information Retrieval. New York: Association for Computing Machinery, 2012: 185-194.

[26] SHEN X, TAN B, ZHAI C. Context-sensitive Information Retrieval Using Implicit Feedback [C]// In Proceedings of the 28th International ACM SIGIR Conferenceon Research and Development in Information Retrieval. New York: Association for Computing Machinery, USA, 2005: 43-50.

[27] COLLINS-THOMPSON K, BENNETT P N, WHITE R W, et al. Personalizing Web Search Results by Reading Level [C]// In Proceedings of the 20th ACM Conference on Information and Knowledge Management. New York: Association for Computing Machinery, 2011: 403-412.

[28] JIANG D, LEUNG K W-T, NG W. Context-aware Search Personalization with Concept Preference [C]// In Proceedings of the 20th ACM Conference on Information and Knowledge Management. New York: Association for Computing Machinery, 2011: 563-572.

[29] USTINOVSKIY Y, SERDYUKOV P. Personalization of Web-search Using Short-term Browsing Context [C]// In Proceedings of the 22nd ACM Conference on Information and Knowledge Management. New York: Association for Computing Machinery, 2013: 1979-1988.

[30] DOU Z, SONG R, WEN J-R. A Large-scale Evaluation and Analysis of Personalized Search Strategies [C]// In Proceedings of the 16th International World Wide Web Conference. New York: Association for Computing

Machinery, 2007: 581-590.

[31] SONTAG D, COLLINS-THOMPSON K, BENNETT P N, et al. Probabilistic Models for Personalizing Web Search [C]// In Proceedings of the 5th ACM International Conference on Web Search and Data Mining. New York: Association for Computing Machinery, 2012: 433-442.

[32] LIAO Z, JIANG D, CHEN E, et al. Mining Concept Sequences from Large-scale Search Logs for Context-aware Query Suggestion [J]. ACM Transactions on Intelligent Systems and Technology, 2011, 3 (1): Article 17.

[33] SANTOS R L T, MACDONALD C, OUNIS I. Learning to Rank Query Suggestions for Adhoc and Diversity Search [J]. Information Retrieval, 2013, 16: 429-451.

[34] SHOKOUHI M. Learning to Personalize Query Auto-completion [C]// In Proceedings of the 36th International ACM SIGIR Conference on Research and Development in Information Retrieval. New York: Association for Computing Machinery, 2013: 103-112.

[35] MA H, YANG H, KING I, et al. Learning Latent Semantic Relations from Click-through Data for Query Suggestion [C]// In Proceedings of the 17th ACM Conference on Information and Knowledge Management. New York: Association for Computing Machinery, 2008:709-718.

[36] LUCCHESE C, ORLANDO S, PEREGO R, et al. Identifying Task-based Sessions in Search Engine Query Logs [C]// In Proceedings of the 4th ACM International Conferenceon Web Search and Data Mining. New York: Association for Computing Machinery, 2011: 277-286.

[37] LI L, DENG H, DONG A, et al. Analyzing User's Sequential Behavior in Query Auto Completion via Markov Processes [C]// In Proceedings of the 38th International ACM SIGIR Conference on Research and Development in Information Retrieval. New York: Association for Computing Machinery, 2015: 123-132.

[38] MORRIS M R, TEEVAN J, BUSH S. Enhancing Collaborative Web Search with Personalization: Groupization, Smart Splitting, and Group Hit-highlighting [C]// In Proceedings of the 2008th ACM Conference on Computer Supported Cooperative Work. New York: Association for Computing Machinery, 2008: 481-484.

[39] BURGES C J, SVORE K M, BENNETT P N, et al. Learning to Rank using an Ensemble of Lambda-Gradient Models [J]. Journal of Machine Learning Research, 2011, 14:25-35.

[40] JIANG J-Y, KE Y-Y, CHIEN P-Y, et al. Learning User Reformulation Behavior for Query Auto-completion [C]// In Proceedings of the 37th International ACM SIGIR Conference on Research and Development in Information Retrieval. New York: Association for Computing Machinery, 2014: 445-454.

[41] MITRA B. Exploring Session Context Using Distributed Representations of Queries and Reformulations [C]// In Proceedings of the 38th International ACM SIGIR Conference on Research and Development in Information Retrieval. New York: Association for Computing Machinery, 2015: 3-12.

[42] LI Y, DONG A, WANG H, et al. A two-dimensional Click Model for Query Auto-completion [C]// In Proceedings of the 37th International ACM SIGIR Conference on Research and Development in Information Retrieval. NewYork: Association for Computing Machinery, 2014: 455-464.

[43] XIANG B, JIANG D, PEI J, et al. Context-aware Ranking in Web Search [C]// In Proceedings of the 33rd International ACM SIGIR Conference on Research and Development in Information Retrieval. New York: Association for Computing Machinery, 2010: 451-458.

[44] TEEVAN J, LIEBLING D J, RAVICHANDRAN GEETHA G. Understanding and Predicting Personal Navigation [C]// In Proceedings of the Fourth ACM International Conference on Web Search and Data Mining. New York: Association for Computing Machinery, 2011: 85-94.

[45] CAO H, JIANG D, PEI J, et al. Context-aware Query Suggestion by Mining Click-through and Session Data [C]// In Proceedings of the 14th ACM SIGKDD Conference on Knowledge Discovery and Data Mining. New York: Association for Computing Machinery, 2008:875-883.

[46] MEI Q, ZHOU D, CHURCH K. Query Suggestion Using Hitting Time [C]// In Proceedings of the 17th ACM

Conference on Information and Knowledge Management. New York: Association for Computing Machinery, 2008: 469-478.

[47] HE Q, JIANG D, LIAO Z, et al. Web Query Recommendation via Sequential Query Prediction [C]. In Proceedings of the 25th International Conference on Data Engineering. Washington: IEEE Computer Society, 2009: 1443-1454.

[48] SHEN Y, HE X, GAO J, et al. Learning Semantic Representations Using Convolutional Neural Networks for Web Search [C]// In Proceedings of the 23rd International World Wide Web Conference. New York: Association for Computing Machinery, 2014: 373-374.

[49] MITRA B, CRASWELL N. Query Auto-Completion for Rare Prefixes [C]// In Proceedings of the 24th ACM Conference on Information and Knowledge Management. New York: Association for Computing Machinery, 2015: 1755-1758.

[50] GRANKA L A, JOACHIMS T, GAY G. Eye-tracking Analysis of User Behavior in WWW Search [C]// In Proceedings of the 27th International ACM SIGIR Conference on Research and Development in Information Retrieval. New York: Association for Computing Machinery, 2004:478-479.

[51] CRASWELL N, ZOETER O, TAYLOR M, et al. An Experimental Comparison of Click Position-bias Models [C]// In Proceedings of the 1st ACM International Conference on Web Search and Data Mining. New York: Association for Computing Machinery, 2008: 87-94.

[52] RICHARDSON M, DOMINOWSKA E, RAGNO R. Predicting Clicks: Estimating the Click-through Rate for New Ads [C]// In Proceedings of the 16th International World Wide Web Conference. New York: Association for Computing Machinery, 2007: 521-530.

[53] DUPRET G E, PIWOWARSKI B. A User Browsing Model to Predict Search Engine Click Data from Past Observations [C]// In Proceedings of the 31st International ACM SIGIR Conference on Research and Development in Information Retrieval. New York: Association for Computing Machinery, 2008: 331-338.

[54] CHAPELLE O, ZHANG Y. A Dynamic Bayesian Network Click Model for Web Search Ranking [C]// In Proceedings of the 18th International World Wide Web Conference. New York: Association for Computing Machinery, 2009: 1-10.

[55] LIU C, GUO F, FALOUTSOS C. Bayesian Browsing Model: Exact Inference of Document Relevance from Petabyte-Scale Data [J]. ACM Transactions on Knowledge Discovery from Data, 2010, 4 (4): 19:1-19:26.

[56] ZHU Z A, CHEN W, MINKA T, et al. A Novel Click Model and Its Applications to Online Advertising [C]// In Proceedings of the 3rd ACM International Conference on Web Search and Data Mining. New York: Association for Computing Machinery, 2010: 321-330.

[57] ZHANG Y, CHEN W, WANG D, et al. User-click Modeling for Understanding and Predicting Search-behavior [C]// In Proceedings of the 17th ACM SIGKDD Conference on Knowledge Discovery and Data Mining. New York: Association for Computing Machinery, 2011:1388-1396.

[58] MITRA B, SHOKOUHI M, RADLINSKI F, et al. On User Interactions with Query Auto-completion [C]// In Proceedings of the 37th International ACM SIGIR Conferenceon Research and Development in Information Retrieval. New York: Association for Computing Machinery, 2014: 1055-1058.

[59] 王继成,萧嵘.Web 信息检索研究进展 [J].计算机研究与发展,2001,38 (2):187-193.

[60] 许静芳.分布式信息检索模型与算法研究 [D].北京:清华大学,2007.

[61] WHITE R W, RUTHVEN I, JOSE J M. A Study of Factors Affecting the Utility of Implicit Relevance Feedback [C]// In Proceedings of the 28th Annual International ACM SIGIR Conference on Research and Development in Information Retrieval.New York: Association for Computing Machinery, 2005: 35-42.

[62] WANG H, HE X, CHANG M-W, et al. Personalized Ranking Model Adaptation for Web Search [C]// In Proceedings of the 36th International ACM SIGIR Conference on Research and Development in Information

Retrieval. New York: Association for Computing Machinery, 2013: 323–332.

[63] TEEVAN J, DUMAIS S T, LIEBLING D J. To Personalize or Not to Personalize: Modeling Queries with Variation in User Intent [C]// In Proceedings of the 31st Annual International ACM SIGIR Conference on Research and Development in Information Retrieval. New York: Association for Computing Machinery, 2008: 163–170.

[64] SHAPIRA B, ZABAR B. Personalized Search: Integrating Collaboration and Social Networks [J]. Journal of the Association Society for Information Science and Technology, 2011, 62 (1): 146–160.

[65] LIU X, TURTLE H. Real-time user interest modeling for real-time ranking [J]. Journal of the Association Society for Information Science and Technology, 2013, 64 (8):1557–1576.

[66] VOLKOVS M N. Context Models For Web Search Personalization [R]. 2014.

[67] VAN DER MAATEN L, POSTMA E, VAN DEN HERIK J. Dimensionality Reduction: A Comparative Review, 005 [R]. 2009.

[68] SCHOLKOPF B, SMOLA A J, MUULLER K-R. Kernel Principal Component Analysis [C]//In Proceedings of the 7th International Conference on Artificial Neural Networks. Berlin: Springer-Verlag, 1997: 583–588.

[69] QIN T, LIU T-Y, XU J, et al. LETOR: A Benchmark Collection for Researchon Learning to Rank for Information Retrieval [J]. Information Retrieval, 2010,13 (4): 346–374.

[70] ZHAI C, LAFFERTY J. A Study of Smoothing Methods for Language Models Appliedto Information Retrieval [J]. ACM Transactions on Information Systems, 2004,22 (2): 179–214.

[71] MANNING C D, RAGHAVAN P, SCHüTZE H. Introduction to Information Retrieval [M].New York, NY, USA: Cambridge University Press, 2008.

[72] JOACHIMS T. Optimizing Search Engines Using Clickthrough Data [C]// In Proceedings of the 8th ACM SIGKDD Conference on Knowledge Discovery and Data Mining. New York: Association for Computing Machinery, 2002: 133–142.

[73] HERBRICH R, GRAEPEL T, OBERMAYER K. Large Margin Rank Boundaries for Ordinal Regression [M]. Cambridge: MIT Press, 2000.

[74] FREUND Y, IYER R, SCHAPIRE R E, et al. An Efficient Boosting Algorithm for Combining Preferences [J]. Journal of Machine Learning Research, 2003, 4: 93–969.

[75] TSAI M-F, LIU T-Y, QIN T, et al. FRank: A Ranking Method with Fidelity Loss [C]//In Proceedings of the 30th Annual International ACM SIGIR Conference on Research and Development in Information Retrieval. New York: Association for Computing Machinery, 2007;383–390.

[76] CAO Z, QIN T, LIU T-Y, et al. Learning to Rank: From Pairwise Approach to Listwise Approach [C]// In Proceedings of the 24th International Conference on Machine Learning. New York: Association for Computing Machinery, 2007: 129–136.

[77] XU J, LI H. AdaRank: A Boosting Algorithm for Information Retrieval [C]// In Proceedings of the 30th Annual International ACM SIGIR Conference on Research and Development in Information Retrieval. New York: Association for Computing Machinery, 2007: 391–398.

[78] QIN T, ZHANG X-D, WANG D-S, et al. Rankingwith Multiple Hyperplanes [C]// In Proceedings of the 30th Annual International ACM SIGIR Conference on Research and Development in Information Retrieval. New York: Association for Computing Machinery, 2007;279–286.

[79] JOLLIFFE I. Principal Component Analysis, Second Edition [M]. Berlin: Springer, 2002.

[80] H GOLUB G, F V AN LOAN C. Matrix Computations, Third Edition [M].Washington:The Johns Hopkins University Press, 1996.

[81] CHATTERJEEAND S, S HADI A. Influential Observations, High Leverage Points, and Outliers in Linear Regression [J]. Statistical Science, 1986, 1: 379–393.

［82］ JARVELIN K, KEKALAINEN J. Cumulated Gain-based Evaluation of IR Techniques ［J］. ACM Transactions on Information Systems, 2002, 20（4）: 422-446.

［83］ LIU J, BELKIN N J. Personalizing Information Retrieval for Multi-session Tasks: Examining the Roles of Task Stage, Task Type, and Topic Knowledge on the Interpretation of Dwell Time as an Indicator of Document Usefulness ［J］. Journal of the Association Society for Information Science and Technology, 2015, 66（1）: 58-81.

［84］ GOKER A, HE D. Personalization Via Collaboration in Web Retrieval Systems: A Context Based Approach ［J］. Journal of the Association Society for Information Science and Technology, 2003, 40（1）: 357-365.

［85］ BAI J, NIE J-Y, CAO G, et al. Using Query Contexts in Information Retrieval ［C］//In Proceedings of the 30th International ACM SIGIR Conference on Research and Development in Information Retrieval. New York: Association for Computing Machinery, 2007: 15-22.

［86］ AGICHTEIN E, BRILL E, DUMAIS S. Improving Web Search Ranking by Incorporating User Behavior Information ［C］// In Proceedings of the 29th Annual International ACM SIGIR Conference on Research and Development in Information Retrieval. New York: Association for Computing Machinery, 2006: 19-26.

［87］ JAIN A, MISHNE G. Organizing Query Completions for Web Search ［C］// In Proceedings of the 19th ACM Conference on Information and Knowledge Management. New York: Association for Computing Machinery, 2010: 1169-1178.

［88］ KIM Y, HASSAN A, WHITE R W, et al. Modeling Dwell Time to Predict Click-level Satisfaction ［C］// In Proceedings of the 7th ACM International Conference on Web Search and Data Mining. New York: Association for Computing Machinery, 2014: 193-202.

［89］ BILENKO M, WHITE R W. Mining the Search Trails of Surfing Crowds: Identifying Relevant Websites from User Activity ［C］// In Proceedings of the 17th International World Wide Web Conference. New York: Association for Computing Machinery, 2008: 51-60.

［90］ USTINOVSKIY Y, GUSEV G, SERDYUKOV P. An Optimization Framework for Weighting Implicit Relevance Labels for Personalized Web Search ［C］// In Proceedings of the 24th International World Wide Web Conference. New York: Association for Computing Machinery, 2015:1144-1154.

［91］ SHEN X, TAN B, ZHAI C. Implicit User Modeling for Personalized Search ［C］// In Proceedings of the 14th ACM International Conference on Information and Knowledge Management. New York: Association for Computing Machinery, 2005: 824-831.

［92］ MIHALKOVA L, MOONEY R. Learning to Disambiguate Search Queries from Short Sessions ［C］// In Proceedings of the 18th European Conference on Machine Learning. Berlin: Springer-Verlag, 2009: 111-127.

［93］ WHITE R W, BENNETT P N, DUMAIS S T. Predicting Short-term Interests Using Activity-based Search Context ［C］// In Proceedings of the 19th ACM International Conference on Information and Knowledge Management. New York: Association for Computing Machinery, 2010: 1009-1018.

［94］ BENNETT P N, RADLINSKI F, WHITE R W, et al. Inferring and Using Location Metadata to Personalize Web Search ［C］// In Proceedings of the 34th Annual International ACM SIGIR conference on Research and Development in Information Retrieval. New York: Association for Computing Machinery, 2011: 135-144.

［95］ CHIRITA P A, NEJDL W, PAIU R, et al. Using ODP Metadata to Personalize Search ［C］// In Proceedings of the 28th Annual International ACM SIGIR Conference on Research and Development in Information Retrieval. New York: Association for Computing Machinery, 2005: 178-185.

［96］ BILENKO M, RICHARDSON M. Predictive Client-side Profiles for Personalized Advertising ［C］// In Proceedings of the 17th ACM SIGKDD Conference on Knowledge Discovery and Data Mining. New York: Association for Computing Machinery, 2011: 413-421.

［97］ WHITE R W, BAILEY P, CHEN L. Predicting User Interests from Contextual Information ［C］// In

Proceedings of the 32nd Annual International ACM SIGIR Conference on Research and Development in Information Retrieval. New York: Association for Computing Machinery, 2009:363-370.

[98] PAN W, CHEN L. GBPR: Group Preference Based Bayesian Personalized Ranking for One-class Collaborative Filtering [C]// In Proceedings of the 23rd International Joint Conference on Artificial Intelligence. California: Morgan Kaufmann, 2013: 2691-2697.

[99] YAN J, CHU W, WHITE R W. Cohort Modeling for Enhanced Personalized Search [C]//In Proceedings of the 37th Annual International ACM SIGIR Conference on Research and Development in Information Retrieval. New York: Association for Computing Machinery, 2014: 505-514.

[100] KURLAND O, LEE L. Corpus Structure, Language Models, and Ad Hoc Information Retrieval [C]// In Proceedings of the 27th International ACM SIGIR Conference on Research and Development in Information Retrieval. New York: Association for Computing Machinery, 2004:194-201.

[101] SALAKHUTDINOV R, MNIH A. Bayesian Probabilistic Matrix Factorization Using Markov Chain Monte Carlo [C]// In Proceedings of the 25th International Conference on Machine Learning. New York: Association for Computing Machinery, 2008: 880-887.

[102] SALAKHUTDINOV R, MNIH A. Probabilistic Matrix Factorization [C]// In Advances in Neural Information Processing Systems 20. Cambridge: MIT Press, 2008: 1-8.

[103] NEAL R M, HINTON G E. A View of the EM Algorithm that Justifies Incremental, Sparse, and Other Variants [M]. Cambridge: MIT Press, 1999: 355-368.

[104] FARENICK D R, ZHOU F. Jensen's Inequality Relative to matrix-valued Measures [J]. Journal of Mathematical Analysis and Applications, 2007, 327 (2): 919-929.

[105] XU S, JIANG H, LAU F C M. Mining User Dwell Time for Personalized Web Search Re-ranking [C]// In Proceedings of the 20th International Joint Conference on Artificial Intelligence. California: Morgan Kaufmann, 2011: 2367-2372.

[106] YI X, HONG L, ZHONG E, et al. Beyond Clicks: Dwell Time for Personalization [C]// In Proceedings of the 8th ACM Conference on Recommender Systems. New York: Association for Computing Machinery, 2014: 113-120.

[107] KIM Y, CROFT W B. Diversifying Query Suggestions Based on Query Documents [C]// In Proceedings of the 37th International ACM SIGIR Conference on Research and Development in Information Retrieval. New York: Association for Computing Machinery, 2014: 891-894.

[108] CAI F, LIANG S, DE RIJKE M. Personalized Document Reranking based on Bayesian Probabilistic Matrix Factorization [C]// In Proceedings of the 37th International ACM SIGIR Conference on Research and Development in Information Retrieval. New York: Association for Computing Machinery, 2014: 835-838.

[109] RENDLE S, FREUDENTHALER C, GANTNER Z, et al. BPR: Bayesian Personalized Ranking from Implicit Feedback [C]// In Proceedings of the 25th Conference Annual Conference on Uncertainty in Artificial Intelligence. Oregon: The Association for Uncertainty in Artificial Intelligence, 2009: 452-461.

[110] MASUREL P, LEFEVRE-HASEGAWA K, BOURGUIGNAT C, et al. Dataiku's Solution to Yandex's Personalized Web Search Challenge [R]. 2014.

[111] SONG G. Point-Wise Approach for Yandex Personalized Web Search Challenge [R]. 2014.

[112] BAST H, CHITEA A, SUCHANEK F, et al. ESTER: Efficient Search on Text, Entities, and Relations [C]// In Proceedings of the 30th International ACM SIGIR Conference on Research and Development in Information Retrieval. New York: Association for Computing Machinery, 2007:671-678.

[113] BAST H, WEBER I. Type Less, Find More: Fast Autocompletion Search with a Succinct Index [C]// In Proceedings of the 29th International ACM SIGIR Conference on Research and Development in Information Retrieval. New York: Association for Computing Machinery, 2006: 364-371.

[114] CHAUDHURI S, KAUSHIK R. Extending Autocompletion to Tolerate Errors [C]// In Proceedings of the 2009 ACM SIGMOD International Conference on Management of Data. New York: Association for Computing Machinery, 2009: 707-718.

[115] LIU Y, SONG R, CHEN Y, et al. Adaptive Query Suggestion for Difficult Queries [C]// In Proceedings of the 35th International ACM SIGIR Conference on Research and Development in Information Retrieval. New York: Association for Computing Machinery, 2012: 15-24.

[116] AMIN A, HILDEBRAND M, VAN OSSENBRUGGEN J, et al. Organizing Suggestions in Autocompletion Interfaces [C]// In Proceedings of the 31st European Conference on Information Retrieval. Berlin: Springer-Verlag, 2009: 521-529.

[117] ANAGNOSTOPOULOS A, BECCHETTI L, CASTILLO C, et al. An Optimization Framework for Query Recommendation [C]// In Proceedings of the Third ACM International Conference on Web Search and Data Mining. New York: Association for Computing Machinery, 2010: 161-170.

[118] BAEZA-YATES R, HURTADO C, MENDOZA M. Query Recommendation Using Query Logs in Search Engines [C]// In Proceedings of the 2004 International Conference on Current Trends in Database Technology. Berlin: Springer-Verlag, 2004: 588-596.

[119] MA Z, CHEN Y, SONG R, et al. New Assessment Criteria for Query Suggestion [C]// In Proceedings of the 35th International ACM SIGIR Conference on Research and Development in Information Retrieval. NewYork: Association for Computing Machinery, 2012: 1109-1110.

[120] BAST H, MORTENSEN C, WEBER I. Output-sensitive Autocompletion Search [J]. Information Retrieval, 2008, 11 (4): 269-286.

[121] NEAL R M. Probabilistic Inference using Markov Chain Monte Carlo Methods, CRG-TR-93-1 [R]. 1993.

[122] 白露, 郭嘉丰, 曹雷, 等. 基于查询意图的长尾查询推荐 [J]. 计算机学报, 2013, 36 (3): 636-642.

[123] STRIZHEVSKAYA A, BAYTIN A, GALINSKAYA I, et al. Actualization of Query Suggestions Using Query Logs [C]// In Proceedings of the 21st International World Wide Web Conference. New York: Association for Computing Machinery, 2012: 611-612.

[124] YANG J-M, CAI R, JING F, et al. Search-based Query Suggestion [C]// In Proceedings of the 17th ACM Conference on Information and Knowledge Management. New York: Association for Computing Machinery, 2008: 1439-1440.

[125] WHITING S, MCMINN J, M JOSE J. Exploring Real-Time Temporal Query Auto-Completion [C]// In Proceedings of the 12th Dutch-Belgian Information Retrieval Workshop. New York: Association for Computing Machinery, 2013: 1-4.

[126] KATO M P, SAKAI T, TANAKA K. When Do People Use Query Suggestion? A Query Suggestion Log Analysis [J]. Information Retrieval, 2013, 16 (6): 725-746.

[127] MIKOLOV T, CHEN K, CORRADO G S, et al. Efficient Estimation of Word Representations in Vector Space [C]// In Proceedings of Workshop at ICLR. Scottsdale: OpenReview.net, 2013: 1-13.

[128] MIKOLOV T, SUTSKEVER I, CHEN K, et al. Distributed Representations of Words and Phrases and their Compositionality [C]// In Advances in Neural Information Processing Systems 26. Cambridge: MIT Press, 2013: 3111-3119.

[129] PASS G, CHOWDHURY A, TORGESON C. A Picture of Search [C]// In Proceedings of the 1st International Conference on Scalable Information Systems. Belgium: Institute for Computer Sciences, Social-Informatics and Telecommunications Engineering, 2006: 1-7.

[130] CRASWELL N, JONES R, DUPRET G, et al. WSCD '09: Proceedings 2009 Workshop on Web Search Click Data [C]. New York: Association for Computing Machinery, 2009.

[131] GAMA J, ZLIOBAITE I, BIFET A, et al. A Survey on Concept Drift Ddaptation [J]. ACM Computing

Surveys. 2014, 46（4）：44:1-44:37.

[132] MA H, R LYU M, KING I. Diversifying Query Suggestion Results ［C］// In Proceedings of the 24th AAAI Conference on Artificial Intelligence. New York：Association for the Advancement of Artificial Intelligence, 2010：1399-1404.

[133] SONG Y, ZHOU D, HE L-W. Post-ranking Query Suggestion by Diversifying Search Results ［C］// In Proceedings of the 34th International ACM SIGIR Conference on Research and Development in Information Retrieval. New York：Association for Computing Machinery, 2011:815-824.

[134] LI R, KAO B, BI B, et al. DQR：A Probabilistic Approach to Diversified Query Recommendation ［C］// In Proceedings of the 21st ACM Conference on Information and Knowledge Management. New York：Association for Computing Machinery, 2012：16-25.

[135] SANTOS R L, MACDONALD C, OUNIS I. Learning to Rank Query Suggestions for Adhoc and Diversity Search ［J］. Information Retrieval, 2013, 16（4）：429-451.

[136] KHARITONOV E, MACDONALD C, SERDYUKOV P, et al. Intent Models for Contextualizing and Diversifying Query Suggestions ［C］// In Proceedings of the 22nd ACM Conference on Information and Knowledge Management. New York：Association for Computing Machinery, 2013:2303-2308.

[137] JIANG D, LEUNG K W-T, V OSECKY J, et al. Web Query Recommendation via Sequential Query Prediction ［C］// In Proceedings of the 25th International Conference on Data Engineering. Washington：IEEE Computer Society, 2009：1443-1454.

[138] KAMVAR M, BALUJA S. The Role of Context in Query Input：Using Contextual Signals to Complete Queries on Mobile Devices ［C］// In Proceedings of the 11th International Conference on Human Computer Interaction with Mobile Devices and Services. New York：Association for Computing Machinery, 2009：405-412.

[139] KASTRINAKIS D, TZITZIKAS Y. Advancing Search Query Autocompletion Services with More and Better Suggestions ［C］// In Proceedings of the 10th International Conference on Web Engineering. Berlin：Springer-Verlag, 2010：35-49.

[140] AGRAWAL R, GOLLAPUDI S, HALVERSON A, et al. Diversifying Search Results ［C］// In Proceedings of the 2nd ACM International Conference on Web Search and Data Mining. New York：Association for Computing Machinery, 2009：5-14.

[141] CLARKE C L, KOLLA M, CORMACK G V, et al. Novelty and Diversity in Information Retrieval Evaluation ［C］// In Proceedings of the 31st International ACM SIGIR Conference on Research and Development in Information Retrieval. New York：Association for Computing Machinery, 2008：659-666.

[142] CARBONELL J, GOLDSTEIN J. The Use of MMR, diversity-based Reranking for Reordering Documents and Producing Summaries ［C］// In Proceedings of the 21st International ACM SIGIR Conference on Research and Development in Information Retrieval. New York：Association for Computing Machinery, 1998：335-336.

[143] ZHAI C X, COHEN W W, LAFFERTY J. Beyond Independent Relevance：Methods and Evaluation Metrics for Subtopic Retrieval ［C］// In Proceedings of the 26th International ACM SIGIR Conference on Research and Development in Information Retrieval. New York：Association for Computing Machinery, 2003：10-17.

[144] SANTOS R L, MACDONALD C, OUNIS I. Intent-aware Search Result Diversification ［C］//In Proceedings of the 34th International ACM SIGIR Conference on Research and Development in Information Retrieval. New York：Association for Computing Machinery, 2011：595-604.

[145] SANTOS R L, MACDONALD C, OUNIS I. Exploiting Query Reformulations for Web Search Result Diversification ［C］// In Proceedings of the 19th International World Wide Web Conference. New York：Association for Computing Machinery, 2010：881-890.

[146] VARGAS S, CASTELLS P, VALLET D. Explicit Relevance Models in Intent-oriented Information Retrieval Diversification ［C］// In Proceedings of the 35th International ACM SIGIR Conference on Research and

Development in Information Retrieval. New York: Association for Computing Machinery, 2012: 75-84.

[147] RADLINSKI F, DUMAIS S. Improving Personalized Web Search using Result Diversify cation [C]// In Proceedings of the 29th International ACM SIGIR Conference on Research and Development in Information Retrieval. New York: Association for Computing Machinery, 2006:691-692.

[148] VALLET D, CASTELLS P. Personalized Diversification of Search Results [C]// In Proceedings of the 35th International ACM SIGIR Conference on Research and Development in Information Retrieval. New York: Association for Computing Machinery, 2012: 841-850.

[149] CHEN H, KARGER D R. Less is Pore: Probabilistic Models for Retrieving Fewer Relevant Documents [C]// In Proceedings of the 29th International ACM SIGIR Conference on Research and Development in Information Retrieval. New York: Association for Computing Machinery, 2006: 429-436.

[150] SANTOS R L, MACDONALD C, OUNIS I. Selectively Diversifying Web Search Results [C]// In Proceedings of the 19th ACM Conference on Information and Knowledge Management. New York: Association for Computing Machinery, 2010: 1179-1188.

[151] BACHE K, NEWMAN D, SMYTH P. Text-based Measures of Document Diversity [C]// In Proceedings of the 19th ACM SIGKDD Conference on Knowledge Discovery and Data Mining. New York: Association for Computing Machinery, 2013: 23-31.

[152] DANG V, CROFT B W. Term Level Search Result Diversification [C]// In Proceedings of the 36th International ACM SIGIR Conference on Research and Development in Information Retrieval. New York: Association for Computing Machinery, 2013: 603-612.

[153] DANG V, CROFT W B. Diversity by Proportionality: An Election-based Approach to Search Result Diversification [C]// In Proceedings of the 35th International ACM SIGIR Conference on Research and Development in Information Retrieval. New York: Association for Computing Machinery, 2012: 65-74.

[154] BENNETT P N, SVORE K, DUMAIS S T. Classification-enhanced Ranking [C]// In Proceedings of the 19th International World Wide Web Conference. New York: Association for Computing Machinery, 2010: 111-120.

[155] CHAPELLE O, METLZER D, ZHANG Y, et al. Expected Reciprocal Rank for Graded Relevance [C]// In Proceedings of the 18th ACM Conference on Information and Knowledge Management. New York: Association for Computing Machinery, 2009: 621-630.

[156] CLARKE C L A, AGICHTEIN E, DUMAIS S, et al. The Influence of Caption Features on Clickthrough Patterns in Web Search [C]// In Proceedings of the 30th Annual International ACM SIGIR Conference on Research and Development in Information Retrieval. New York: Association for Computing Machinery, 2007: 135-142.